L'ANATOLIE, UN CREUSET CULTUREL

GRANDES CIVILISATIONS DU PASSÉ

RESPONSABLE DE LA COLLECTION:
Dale M. Brown

Directeur administratif: Philip Brandt George

Équipe rédactionnelle pour *L'Anatolie, un creuset culturel*
Directrice artistique: Ellen L. Pattisall
Documentaliste: Charlotte Marine Fullerton
Rédacteurs: Charles J. Hagner (responsable), Russell B. Adams Jr., Charlotte Anker
Rédacteurs/documentalistes: Constance Contreras, Robin Currie, Jacqueline L. Shaffer
Secrétaire de rédaction: Barbara Fairchild Quarmby
Coordination de l'iconographie: Catherine Parrott
Assistante d'édition: Patricia D. Whiteford
Contributions spéciales: Anthony Allan, Timothy Cooke, Thomas Lewis, Barbara C. Mallen (texte); Isabel Fucigna, Ann-Louise G. Gates, Maureen McHugh, Rita T. Mullin, Ellen Riegel, Norma E. Shaw, Elizabeth Thompson, Barry N. Wolverton (documentation); Roy Nanovic (index).

Édition française:
Secrétariat de rédaction: Anna Skowronsky
Traduit de l'anglais par: Luc et Marie Boussard

Titre original: *Anatolia: Cauldron of Cultures*

ISBN: 2-7344-0742-6

Correspondants: Christine Hinze (Londres), Christina Lieberman (New York), Maria Vincenza Aloisi (Paris). Une aide précieuse a également été apportée par: Mehmet Ali Kislali (Ankara); Elizabeth Kraemer-Singh, Angelica Lemmer (Bonn); Gay Kavanagh (Bruxelles); Marlin Levin (Jérusalem); Judy Aspinall (Londres); Elizabeth Brown (New York); Ann Natanson (Rome); Dick Berry (Tokyo); Traudl Lessing (Vienne).

Conseillers:
Marie-Henriette Gates, professeur adjoint d'archéologie à l'université Bilkent d'Ankara, est rédactrice à *Archaeology in Turkey*, bulletin annuel publié par l'*American Journal of Archaeology*. Pendant vingt-cinq ans, elle a fouillé en Italie, en Iran, en Syrie et, depuis 1992, elle dirige les fouilles de l'ancien port de Kinet Hüyük (Issos).

Nancy W. Leinwand, administrateur de l'American Research Institute en Turquie, est spécialiste de l'art et de l'archéologie du Proche-Orient, notamment de l'Anatolie. Outre les recherches qu'elle a menées sur les archives turques, elle a effectué des fouilles en Turquie et en Grèce.

Peter Neve, aujourd'hui à la retraite, s'est consacré, pendant plus de quarante ans, aux Hittites. Docteur de l'université de technologie de Berlin, il a fouillé en Turquie – à Hattousas, près de l'actuelle Bogazköy, et à Karatepe – et en Irak, à Ouruk-Warka.

Elizabeth Simpson, chercheur adjoint au musée de l'université de Pennsylvanie, y est responsable, depuis 1981, d'un projet d'étude, de conservation et de reconstitution de la collection du mobilier en bois découvert sur le site de Gordion, en Turquie. Elle donne aussi des cours d'art ancien et d'archéologie à l'institut Bard des hautes études en arts décoratifs de New York.

Robert Lindley Vann est professeur d'architecture à l'université du Maryland où il dirige une mission effectuant des levés archéologiques des anciens ports de Turquie. Se consacrant à l'étude des matériaux et des techniques de construction dans l'Antiquité ainsi qu'à l'histoire maritime et à l'archéologie sous-marine, il a une grande expérience de la Turquie et du reste du monde méditerranéen.

Contribution particulière:
Helga Kohl, qui a participé à l'élaboration et à la documentation de ce livre, a longtemps étudié la Turquie. Cette ex-documentaliste-journaliste de *Time*, rédactrice des éditions Time-Life, correspondante en Europe de *Time*, de *Life* et de *Fortune*, a joué un rôle capital dans la publication de la collection *Grandes civilisations du passé*, avec *Égypte: terre des pharaons*, *Ramsès II, dieu et bâtisseur*, et *Les Royaumes de la mer Égée*.

TIME
LIFE

CUISINES RÉGIONALES DE FRANCE
LA PUISSANCE DU MENTAL
LES GRANDES TRADITIONS CULINAIRES
J'APPRENDS EN M'AMUSANT
GRANDES CIVILISATIONS DU PASSÉ
MES LIVRES PRÉFÉRÉS
VOYAGE À TRAVERS L'UNIVERS
LES ENFANTS DÉCOUVRENT...
CHEFS-D'ŒUVRE DE LA PEINTURE
LES MYSTÈRES DE L'INCONNU
PEUPLES ET NATIONS
LA PLANÈTE TERRE

Ce volume fait partie d'une collection qui, grâce aux découvertes des archéologues et autres spécialistes, fait revivre les peuples anciens et leurs cultures.

Couverture: Cette figurine en or assise tient un enfant sur ses genoux. Sa coiffure en forme de disque laisse penser qu'il pourrait s'agir de la déesse solaire du sanctuaire hittite d'Arinna vénérée par un peuple qui a étendu son emprise sur l'Anatolie au cours du IIe millénaire av. J.-C. Elle est entourée d'énigmatiques hiéroglyphes utilisés par une autre culture, plus tardive, connue sous le nom de néo-hittite. L'inscription, déchiffrée en 1945, se lit alternativement de gauche à droite et de droite à gauche et signifie «comme le bœuf en train de labourer».

Pages de garde: Malcolm Chandler

Illustrations de la chronologie: Paul Breeden

30 29 28 27 26 25 24 23 22 21 20 19 18 17 16 15 14 13 12 11 10 9 8 7 6 5 4 3 2 1

Composition photographique par Tallon S.A. Type & Prepress, Bruxelles, Belgique.
Photogravure par The Lanman Companies, Washington, D.C., États-Unis.
Impression et reliure par Arnoldo Mondadori, Vérone, Italie.
Dépôt légal: mars 1996.

GRANDES CIVILISATIONS DU PASSÉ

L'ANATOLIE, UN CREUSET CULTUREL

par les rédacteurs des Éditions Time-Life

ÉDITIONS TIME-LIFE, AMSTERDAM

TABLE DES MATIÈRES

LES ROYAUMES OUBLIÉS DE L'ASIE MINEURE

En 1834, l'archéologue et explorateur français Charles Texier se mit en route vers les hauts plateaux de l'Anatolie, en plein cœur de la Turquie, avec un objectif précis: trouver les vestiges d'un ancien site romain appelé Tavium. Il convient de reconnaître qu'il mena ses recherches sans grande méthode, puisqu'il se contenta de se rendre de village en village en demandant s'il y avait des ruines dans les environs. Souvent, il reçut une réponse positive, comme à Bogazköy, un village qui porte aujourd'hui le nom de Boghazkäle et qui est situé à cent cinquante kilomètres à l'est d'Ankara, capitale de la Turquie. Texier suivit des habitants du lieu qui lui avaient promis de lui montrer un site du voisinage. Après une longue ascension à travers les collines escarpées qui dominent Bogazköy, il découvrit les restes d'un mur de fortification doté de puissantes tours et de deux portes monumentales, dont l'une était encadrée par deux énormes lions de pierre. Les remparts délimitaient une zone de trois kilomètres carrés où l'archéologue remarqua la présence de très gros blocs de pierre qui provenaient à l'évidence de gigantesques fondations.

La Turquie a fasciné les explorateurs et les artistes du XIXe siècle à cause des vestiges de la Grèce, de Rome et de cultures plus anciennes qu'elle recèle. Le dessin ci-contre, montrant une tombe monumentale, a été réalisé en 1841 par George Scharf, qui a accompagné l'archéologue britannique Charles Fellows avant d'être directeur de la National Portrait Gallery de Londres.

Un homme d'une autre localité guida Texier pendant une heure le long d'un sentier tortueux qui semblait mener jusqu'à l'un des imposants affleurements de calcaire caractéristiques de la région. Mais quand il arriva sur les lieux, le Français comprit pourquoi son guide tenait tant à lui montrer l'endroit. Il avait sous les yeux deux grandes galeries apparemment naturelles aux parois ornées d'un cortège de soixante-six personnages dont certains portaient des coiffes coniques et de grandes épées incurvées et d'autres des

Voilà à quoi ressemblaient les ruines d'Hattousas, la capitale de l'Empire hittite, quand Charles Texier les a découvertes en 1834. L'explorateur français n'a pas réussi à identifier le site, mais il a pris quantité de notes à son sujet et fait de nombreux croquis très précis de toute la région. Ses dessins et ses observations se sont avérés très précieux par la suite pour les chercheurs lorqu'il s'est agi de prouver qu'on avait retrouvé la «ville haute» des Hittites.

robes très amples. En examinant les reliefs, il y découvrit un ensemble de hiéroglyphes qui ne ressemblaient à rien de ce qu'il avait pu voir jusque-là. Les gens de la région avaient baptisé le site Yazilikaya, «le rocher gravé».

L'archéologue français crut voir dans les signes un mélange d'influence de la culture de la Paphlagonie, une région des bords de la mer Noire au nord de l'Anatolie occupée par les Amazones, peuple mythique de guerrières farouches du Caucase ou du nord de l'Asie Mineure. Il eut également du mal à identifier le site fortifié de Bogazköy. «L'aspect si particulier de cette cité en ruine, écrivit-il, me laissèrent dans la plus grande perplexité et je fus embarrassé quand je dus retrouver son nom.» Convaincu que la forteresse ne datait pas de l'époque romaine, il émit l'hypothèse qu'elle se trouvait à l'emplacement de Ptérié, une ville de l'Empire perse de Cyrus le Grand que Crésus, roi de Lydie, a conquise au VIe siècle av. J.-C. En fait, les remparts qu'il venait de découvrir n'étaient autres que les vestiges de Hattousas, capitale de l'ancien royaume des Hittites, grand peuple de l'Anatolie centrale qui a mystérieusement disparu vers la fin du XIIIe siècle av. J.-C.

Texier fait partie de ces Européens qui ont afflué vers le Proche-Orient à partir du XIXe siècle. Ces «savants errants» étaient des intellectuels doublés d'aventuriers qui menaient des recherches pour le moins éclectiques sur l'histoire de l'humanité, dans des domaines aussi variés que la géographie, la géologie, l'archéologie et la botanique. Par leur labeur acharné, ils ont contribué à compléter les espaces blancs que comportaient encore les cartes géographiques de la région et à remplir d'objets d'art les musées occidentaux.

Les premiers visiteurs de la Turquie d'Asie – c'est-à-dire l'actuelle Turquie moins la Turquie d'Europe située de l'autre côté du détroit du Bosphore – ont dû s'atteler à une tâche fort ardue, mais passionnante. Il leur a fallu en effet faire coïncider les décombres qui émaillaient les paysages qu'ils avaient sous les yeux avec les descriptions de villes, de temples et de palais données par les textes anciens, notamment la Bible. Au fil des siècles, les tremblements de terre, les inondations, l'érosion et les guerres ont brisé, ébranlé, éventré et enseveli la plupart des vestiges de l'Anatolie. La période de la dynastie des Séleucides – qui fait partie des trois héritiers de l'immense empire d'Alexandre le Grand – et celle de la domination romaine furent l'occasion de dévastations sans précédent: l'exploitation outrancière des forêts et des mines anatoliennes provoqua l'érosion de la fine couche de terre arable qui recouvrait les plateaux de la région et, par voie de conséquence, un engorgement des rivières et l'inondation des zones habitées de longue date situées en contrebas, sur lesquelles vinrent se déposer des tonnes de limon. Quant aux ruines qui n'avaient pas été jetées à terre ou enterrées par les séismes, les tempêtes ou les maraudeurs, elles ont été rongées par les trois agents de destruction impitoyables que constituent le gel, le vent et la pluie.

Du fait de son étonnante diversité à la fois géographique, ethnique et historique, l'Anatolie est un pays difficile à classer, auquel les Romains ont donné le nom d'Asie Mineure. Elle s'étend sur quelque six cent quarante kilomètres du nord au sud et sur plus de mille six cents kilomètres d'est en ouest, si bien qu'elle donne l'impression de constituer une sorte de prolongement du continent asiatique en direction de la Grèce. Comme un

William Hamilton a réalisé le dessin ci-dessous vers 1840, peu après que Texier eut découvert le site du sanctuaire de Yazilikaya, aménagé dans un défilé rocheux et situé à deux kilomètres de Hattousas. Comme son prédécesseur, le Britannique était à la recherche de vestiges de la Rome antique et il ne s'est pas rendu compte qu'il avait en face de lui des dieux et des déesses hittites. Texier a cru qu'il s'agissait de représentations d'Amazones, alors qu'Hamilton était persuadé que les reliefs de Yazilikaya commémoraient un traité entre Perses et Lydiens.

poète turc l'a si bien dit : «Ce pays a la forme d'une tête de jument/Accourue au grand galop du fin fond de l'Asie/Pour s'étendre dans la Méditerranée.»

L'Anatolie est bordée par trois mers : la Méditerranée au sud, la mer Égée à l'ouest et la mer Noire au nord. L'archéologue Seton Lloyd affirme que, lorsqu'on la regarde depuis sa frontière orientale, l'Asie Mineure ressemble à «une main gauche ouverte dont le pouce replié serait formé par les monts Taurus», qui longent la Méditerranée, et l'Anti-Taurus, dont les hauteurs renforcent les frontières de la Turquie avec l'Irak et la Syrie. «La paume représenterait le haut plateau central recouvert de sédiments argileux au centre duquel se trouve un lac salé, le Tüz Gölü; «quant au poignet, il est formé par le massif montagneux» qui isole l'Anatolie de la Géorgie, de l'Arménie et de l'Iran; enfin les doigts correspondraient «aux chaînes qui s'abaissent vers l'ouest et dont les îles de la mer Égée constituent le prolongement».

La grande diversité géographique de l'Asie Mineure est responsable des différences considérables de comportements et de modes de vie de ses habitants. Au fil des siècles, le pays est devenu une mosaïque de cultures, chacune adaptée à une zone précise. C'est pourquoi les populations des plateaux accidentés de l'intérieur ne ressemblent pas plus à celles des montagnes qu'à celles des régions plus hospitalières du littoral. Des vagues successives de peuplement venues de l'Asie et du Proche-Orient se sont affrontées dans les montagnes, les plaines et les vallées de l'Anatolie. Vinrent ensuite les Grecs et les Romains, attirés par les richesses du pays et sa position stratégique aux portes de l'Asie. Après quoi l'Anatolie se trouva au cœur d'un empire fondé par des tribus turques originaires d'Asie centrale: l'Empire ottoman qui, au moment de son apogée, s'étendait de l'Autriche au nord de l'Afrique, en passant par les Balkans, le Proche-Orient et le golfe Persique.

Bien entendu, les «savants errants» n'ignoraient pas que l'Anatolie constituait un pont entre l'Orient et l'Occident. «Il n'y a pratiquement pas d'endroit, si petit soit-il, qui ne contienne quelque vestige des temps anciens», déclarait William Hamilton, membre la Société royale de géologie, en 1842, au retour d'un de ses multiples voyages en Turquie. Mais en dépit de leur courage, de leur intelligence et de leur insatiable curiosité, les érudits d'alors n'en étaient pas moins limités par les idées reçues de leur siècle. Pour Hamilton et ses semblables, l'Anatolie était avant tout le pays où s'étaient illustrés les savants grecs, les rois perses, les conquérants macédoniens, les empereurs romains et les évêques byzantins; ils ne se doutaient pas que ces célèbres personnages avaient pu avoir des prédécesseurs, par exemple les Hittites. À leurs yeux, l'Asie Mineure était la patrie de l'aède Homère, du cupide roi Midas, d'Hérodote, considéré depuis Cicéron comme le «père de l'histoire», et de l'apôtre Paul. Et c'est sur cette terre que Jules César avait prononcé sa célèbre formule *«Veni, vidi, vici»* – Je suis venu, j'ai vu, j'ai vaincu –, après sa victoire sur Pharnace, le roi du Bosphore cimmérien.

Les érudits du XIXe siècle, qui considéraient à juste titre l'Anatolie comme un pays au passé prestigieux, plus riche en monuments grecs que la Grèce et en établissements romains que l'Italie, attribuaient la responsabilité de toutes les périodes brillantes de son histoire à des étrangers. Ainsi, William Hamilton jugeait que l'Anatolie n'avait guère contribué à l'essor de la région: «L'Asie Mineure n'a joué qu'un rôle secondaire durant la période où les dynasties de pharaons se sont succédées en Égypte. Les textes qui racontent comment les descendants d'Israël sont allés acheter du blé chez les souverains ne font pas la moindre allusion à une civilisation de l'Asie Mineure. Qui plus est, les habitants du pays n'ont bâti aucun édifice témoignant, à l'instar des pyramides, du talent des architectes ou de la persévérance des populations de la région.» Selon Hamilton, l'Anatolie devait son importance à sa position stratégique, et les conquérants s'y étaient suffisamment battus pour y laisser un riche dépôt où se confondaient les marques de diverses cultures. Sous ce dépôt, gisaient les restes des civilisations oubliées de l'Asie Mineure.

Pendant très longtemps, les secrets de l'Anatolie ont été jalousement gardés par les Turcs ottomans, qui ont toujours limité l'accès de leur empire aux étrangers. Les premiers explorateurs qui ont eu l'autorisation d'examiner ses cités abandonnées et ses routes romaines désertées n'ont fait, au sens propre du terme, qu'effleurer la surface. Il fallut attendre le XXe siècle, plus précisément la chute de l'Empire ottoman et l'instauration de la république, pour que l'archéologie fasse son apparition en Turquie. Pour la première fois, des chercheurs disposant de techniques modernes ont examiné les vestiges du passé anatolien, et se sont posé quantité de questions, auxquelles ils ont apporté des réponses surprenantes. L'Anatolie n'était ni un simple passage pour les caravanes aux confins de l'Orient et de l'Occident ni un «pont au parapet élevé», comme se plaisait à dire William Ramsay, archéologue anglais. Au contraire, les recherches des archéologues ont montré qu'elle a abrité très tôt des populations d'agriculteurs sachant travailler les métaux, bref, qu'elle compte parmi les grands berceaux de la civilisation, au même titre que des contrées au passé beaucoup plus illustre comme la Mésopotamie et l'Égypte.

Grâce au déchiffrement de tablettes d'argile trouvées sur place et d'inscriptions gravées dans la pierre, on sait maintenant que l'Anatolie a été balayée par des vagues de civilisation depuis des temps reculés. Au XVIe siècle avant notre ère, une aristocratie indo-européenne y a fondé l'empire des Hittites, dont on ignorait tout, mis à part quelques allusions relevées dans la Bible, jusqu'à ce qu'on redécouvre son existence au XXe siècle. L'étude des stèles commémoratives en argile où les Hittites consignaient le nom de leurs souverains et les événements importants survenus dans leur empire, ajoutée à celle des tablettes des pharaons égyptiens avec lesquels les maîtres du haut plateau anatolien ont pendant longtemps entretenu des relations mouvementées, a donné des résultats extrêmement fructueux. Elle a en effet démontré que la civilisation hittite n'avait rien à envier à celle de l'Égypte et de Babylone et qu'elle a dominé la région jusqu'aux environs de l'an 1200 av. J.-C., époque où elle s'est effondrée dans des circonstances obscures.

Les cinq siècles qui suivirent furent marqués par la colonisation de l'Anatolie par des groupes d'Éoliens, d'Ioniens et de Doriens – auxquels on donna le nom de Grecs d'Asie –, qui s'installèrent sur les côtes de la Mysie et de la Lydie. L'intérieur du pays tomba aux mains d'un autre peuple indo-européen, les Phrygiens, dont le roi Midas installa sa capitale à Gordion, ville d'une opulence légendaire. L'histoire des Hittites ne se termina pas pour autant avec la disparition de leur empire. En Anatolie orientale, de petits royaumes dits «néo-hittites» ont perpétué cette civilisation pendant encore cinq cents ans. À l'est de l'Anatolie se forma un puissant royaume, celui de Ourartou, qui fleurit pendant trois siècles avant de sombrer lui aussi dans un oubli total jusqu'au XXe siècle. Au VIe siècle, l'invasion des Cimmériens, des nomades originaires du Caucase, provoqua la chute du royaume de Phrygie et l'ascension des Lydiens, dont le dernier roi, Crésus, étendit sa domination sur la moitié de l'Asie Mineure et même sur certaines cités-États grecques.

Mais des vagues d'envahisseurs continuèrent à déferler sur le Proche-Orient. En 547 av. J.-C., le roi de Perse Cyrus II le Grand écrasa la ville de Sardes, capitale de la Lydie, avant d'annexer et de diviser le pays en provinces ou satrapies ayant chacune à sa tête un gouverneur. Sous l'Empire perse, qui s'étendait alors de l'Égypte jusqu'au nord-ouest de l'Inde, l'Anatolie connut une phase de stabilité interrompue en 499 av. J.-C. par la révolte des Grecs d'Asie soutenus par Athènes. Darius, le successeur de Cyrus le Grand, mit cinq ans à mater la rébellion puis, voulant soumettre la Grèce, il engagea contre elle une longue série de conflits, les guerres médiques.

Un siècle plus tard, Alexandre le Grand, roi de Macédoine, traversa la mer Égée et entreprit de libérer les Grecs d'Asie. Il affronta ensuite l'armée perse trois fois plus nombreuse que la sienne – devant le fleuve du Granique, où elle l'attendait. Poursuivant vers le sud, il défit les Perses à Issos. En 323 av. J.-C., année où il fut brutalement emporté par la maladie à Babylone, Alexandre le Grand avait mené ses troupes jusqu'à la vallée de l'Indus. Ses généraux se partagèrent son immense empire. L'un d'eux, appelé Séleucos, reçut la Babylonie et fonda la dynastie des Séleucides, qui se rendit maître de toute l'Asie Mineure, et donc de l'Anatolie, et y maintint sa domination pendant plus de deux siècles et demi.

Les Romains commencèrent à faire leur apparition en Anatolie au cours du IIe siècle av. J.-C. Grâce à eux, la région connut une période de paix et de stabilité qui lui permit de se développer et de prospérer. En 330, la ville de Constantinople – aujourd'hui Istanbul – devint la nouvelle capitale de l'Empire romain. Un peu plus plus tard, elle se transforma en capitale de l'Empire d'Orient, ou Empire byzantin. Cependant, les sources qui retracent la glorieuse histoire de l'Asie Mineure, qu'il s'agisse de poèmes épiques, de

Le buste de marbre au visage grave, à droite, représente Hérodote, le «père de l'histoire», célèbre pour ses récits des guerres médiques. Bien qu'il ait séjourné quelque temps à Athènes, l'historien n'en était pas moins natif d'Halicarnasse, ville de la Grèce d'Asie. Les* Histoires *d'Hérodote commencent par l'épisode de l'ascension de Crésus, un des souverains les plus célèbres de l'Anatolie.

légendes, de contes ou de récits, ne parlent jamais des populations de l'Anatolie, comme si elles avaient assisté passivement aux événements. Heureusement, une série de révélations surprenantes a fini par rendre aux civilisations de l'Anatolie la place qui leur revient.

Les deux voyageurs qui cheminaient à travers l'Anatolie au XIXe siècle étaient à la recherche, tout comme l'intrépide Charles Texier, de sites importants de l'Antiquité. Quelques années après la découverte de Bogazköy faite en 1834 par l'archéologue français, Charles Fellows décida d'explorer l'Asie Mineure, qu'il considérait comme «une partie de la Grèce». Il fut enthousiasmé par les monuments qu'il eut l'occasion d'observer, mais après avoir constaté qu'il n'existait pratiquement pas de cartes ou de documents écrits sur le patrimoine culturel de l'Anatolie antique, il décida de faire des recherches dans cette direction. En 1840, il écrivit fièrement qu'il avait «découvert les vestiges de onze cités qui ne figuraient sur aucune carte». Fellows s'intéressait davantage à l'emplacement des ruines qu'à leur configuration, mais il en a cependant donné des descriptions intéressantes, comme dans le cas de Pinaros, ville de la côte méditerranéenne datant du Ve siècle av. J.-C. Il y mentionne la présence d'un théâtre grec «en parfait état», ainsi que de vestiges d'édifices imposants et de tombeaux semblables à ceux que l'on trouvait dans les cités ioniennes. Il note également qu'au centre de la ville «s'élève un étrange escarpement rocheux de forme ronde littéralement truffé de tombes. Il doit y en avoir plusieurs milliers, la plupart se limitant à des trous de forme oblongue taillés à même la façade verticale et apparemment inaccessible de la roche.» Fellows a en outre pris soin de faire des croquis de l'endroit et de le mentionner à l'encre sur sa carte. Quand il eut achevé la tâche qu'il s'était fixée, il déclara avoir identifié «vingt-quatre des trente-six cités dont Pline l'Ancien affirme qu'elles existaient encore à l'état de vestiges à son époque», autrement dit au milieu du Ier siècle de notre ère. Et en guise de conclusion, il ajouta: «J'ai également vu quantité d'autres amas de ruines.»
Quand John Turtle Wood, ingénieur anglais qui travaillait à l'implantation du chemin de fer en Turquie, se rendit à Éphèse, ancienne ville de la côte ouest de l'Asie Mineure, il était lui aussi à la recherches de vestiges de l'Antiquité et plus précisément du temple d'Artémis *(pages 122-123)*, considéré par les Anciens comme l'une des Sept Merveilles du monde. Mais à l'encontre des sites visités par

Charles Fellows, le sanctuaire dédié à la déesse de la Lune et de la Chasse avait complètement disparu et nul n'était en mesure de dire où se trouvait exactement son emplacement. Ce monument, qui mesurait quelque cent trente mètres de longueur sur près de quatre-vingts de largeur et était orné de cent vingt-sept colonnes cannelées hautes de dix-huit mètres, a été dévasté par des crues catastrophiques du Caystre – le fleuve qui coule à proximité du site – qui l'ont recouvert de boue au point de le rayer de la carte. Un voyageur de passage à Éphèse au XVIIIe siècle écrivait déjà: «Nous cherchons en vain le temple; la ville est anéantie et la déesse a disparu.» Wood ne disposait pour toute information que des indications des auteurs de l'Antiquité, ce qui ne l'empêcha pas de fouiller le site au printemps de l'année 1863. Il effectua d'abord des sondages dans les environs pour tenter de localiser le monument que Pline l'Ancien a qualifié de *Graecae magnificae*.

Les recherches de John Turtle Wood furent entravées par un grand nombre de difficultés. D'abord, les autorités du port voisin de Smyrne ordonnèrent à plusieurs reprises et sans raison apparente d'arrêter les fouilles. Les pachas «se succédaient à une telle allure que je n'avais pas plus tôt fini de m'assurer les bonnes grâces de l'un d'entre eux qu'il me fallait déjà penser à me concilier celles d'un autre». L'un de ces personnages ne manquait pas d'humour puisqu'il demanda au Britannique de l'informer quand il aurait trouvé «la copie du temple d'Artémis», puisque toutes les reproductions des objets découverts sur le site étaient censées revenir aux Turcs.

En outre, il s'avéra fort difficile de trouver de la main-d'œuvre compétente et efficace. Bien que Wood n'ait pas hésité à employer plus de trois cents hommes, la progression des fouilles a été constamment retardée. Le paludisme qui sévissait dans la région était responsable de l'absence presque continuelle du quart de ses effectifs. Wood lui-même, qui travaillait jusqu'à quatorze ou quinze heures par jour, était souvent malade. Qui plus est, il était impossible d'entreprendre quoi que ce soit pendant la période des fortes chaleurs, laquelle durait du mois de mai jusqu'à l'automne, et le reste du temps le site était fréquemment inondé par des pluies diluviennes. Une fois les puits de forage remplis d'eau, on devait attendre longtemps avant de pouvoir reprendre les travaux. Pour comble de malheur, les ouvriers avaient tendance à faire preuve de mauvaise volonté; «une petite pluie suffit à tout arrêter, car les Turcs refusent de travailler sous la pluie», s'indigne Wood.

Les trente jours de jeûne du Ramadan et la fête qui lui faisait suite ne contribuaient pas non plus à arranger les choses. «Les hommes étaient trop faibles pour travailler pendant la période où ils jeûnaient et ils s'absentaient au moment des festivités. Enfin, il fallait également tenir compte d'événements imprévus qui pouvaient eux aussi stopper la progression du chantier, comme par exemple une éclipse de lune. «Les Turcs ne comprennent pas le phénomène des éclipses, écrit Wood, si bien que lorsqu'un phénomène de ce genre se produit, ils croient qu'un monstre s'apprête à dévorer le soleil ou

UNE COURSE CONTRE LE TEMPS

Le gouvernement turc s'est lancé dans un vaste plan d'aménagement du sud-est de la Turquie qui devrait faire de cette région de steppes arides un paradis de l'agriculture. Il a entrepris de construire un ensemble de barrages et de canaux d'irrigation le long des vallées du Tigre et de l'Euphrate.

Le sud-est de l'Anatolie est si difficile d'accès que la plupart des archéologues ne lui ont guère accordé d'intérêt avant 1975, où ils ont mis au jour des centaines de sites importants que la construction des barrages met en péril. Le Département turc des antiquités, soucieux de sauver ce qui pouvait l'être, invita les archéologues à participer à une opération internationale de sauvetage des sites de l'Anatolie du Sud-Est. Américains, Allemands, Français, Hollandais et Turcs répondirent à son appel. L'un des archéologues déclara, non sans humour, que la construction de ces «barrages offre une occasion extraordinaire et dramatique d'étudier enfin l'essor culturel de la région».

Le temps imparti aux chercheurs pour fouiller les sites menacés étant limité, il leur a fallu faire des choix. Le British Institute of Archaeology a ainsi réduit à plusieurs reprises l'étendue des fouilles qu'il a menées pendant douze ans sur le site de Tille Hüyük, qui remonte au XIVe siècle av. J.-C. *(ci-dessus, avant et après la mise en eau du barrage Ataturk en 1990)*. L'équipe anglaise a de même dû adapter ses méthodes de travail au rythme imposé par les délais. La pioche et la pelle remplacèrent souvent la truelle des archéologues. À Samsat *(ci-dessous)*, il fut décidé de démolir des murs romains pour dégager les vestiges hittites, ouroukiens et de l'âge du bronze qui se trouvaient au-dessous.

Le professeur Nimet Özgüç, éminente archéologue turque qui a dirigé le projet de fouilles de Samsat, a déclaré que «pour connaître l'endroit, il faudrait y faire des recherches pendant un siècle». Malheureusement, son équipe se composait seulement de onze membres, et Samsat a été recouverte par l'Euphrate en 1989. Mais les archéologues continuent à fouiller d'autres sites et à en apprendre toujours davantage sur le passé de l'Anatolie.

la lune. Ce matin, ils ont fait résonner leurs tambours et ont tiré des coups de fusil pour mettre en garde ledit monstre. Ce faisant, ils ont malencontreusement tué une vache, avec laquelle ils ont festoyé le lendemain.» Outre les Turcs qui formaient le gros de sa main-d'œuvre, John Wood avait également engagé un grand nombre de Grecs et, à un moment donné, il eut plus de cent Arabes sous ses ordres. «Ils sont extrêmement querelleurs», rapporte-t-il à leur sujet, et comme ils veulent toujours faire mieux que les autres, «ils sont invariablement les premiers à terminer leur tâche», si bien qu'«on pouvait craindre à tout moment qu'ils n'en viennent aux mains avec les Turcs». Le risque était encore plus grand de voir éclater des bagarres entre Turcs et Grecs. Wood estimait ces derniers «rapides et intelligents», mais il trouvait que «les nombreux jours fériés qu'ils passaient, vêtus de leurs plus beaux atours, à rester assis au café en faisaient des travailleurs détestables».

Les explorateurs du XIXe siècle ne couchaient pas toujours sur la dure, comme le prouve le dessin annoté de George Scharf ci-dessus. Il nous montre en effet le logement que Charles Fellows et Scharf ont occupé en Anatolie. Les deux hommes disposaient d'une maison en bois au sol recouvert de nattes épaisses, dans laquelle on aperçoit une petite bibliothèque, des lits, du linge de maison, de la vaisselle de porcelaine et une branche d'oranger couverte de fruits suspendue à un chevron. Il y avait même une cheminée où ils pouvaient faire du feu. Fellows est assis de face, tandis que Scharf tourne le dos au lecteur; le personnage debout à droite est un architecte qui partageait leur habitation.

Wood réussit plus ou moins à maintenir le calme sur le site des fouilles, mais cela n'empêchait pas ses hommes de faire du scandale dans le voisinage. «Un dimanche matin, raconte-t-il, un de mes ouvriers turcs qui avait bu force raki – eau de vie parfumée à l'anis – se mit à chanter sur un ton larmoyant et à se comporter d'une façon grotesque au moment où il passait devant un prêtre et plusieurs autres Grecs attablés à la terrasse d'un café... L'un de ces hommes eut la bêtise de tourner l'ivrogne en ridicule. Celui-ci n'était pas assez ivre pour ne pas remarquer qu'on l'insultait, si bien qu'il s'arrêta et entreprit d'injurier les Grecs et leur religion. Sur quoi le prêtre s'écria : "Pourquoi maudis-tu mes enfants?" Pour toute réponse, le Turc commença à le frapper avec son bâton. Ce que voyant, les Grecs, des ouvriers agricoles pour la plupart, se levèrent et se jetèrent sur l'homme qui continuait de plus belle à distribuer des coups de bâton autour de lui et qui fut bientôt rejoint par des compatriotes.» La bagarre dégénéra alors en une véritable bataille rangée qui mit aux prises une soixantaine d'hommes armés de pierres et de gourdins et se solda par la déroute complète des Grecs. Une vingtaine d'hommes furent grièvement blessés, le plus gravement atteint étant le prêtre grec «qui avait le corps couvert d'ecchymoses de la tête aux pieds». Pour Wood, c'était une catastrophe puisque, comme il l'avoue, il avait «perdu plusieurs de ses meilleurs ouvriers dans l'affaire».

En dépit de tous ces obstacles, les recherches progressèrent et Wood finit par retrouver la trace du temple d'Artémis. Le 31 janvier 1869, les ouvriers découvrirent le dallage de marbre du monument à plus de six mètres sous terre. Les autorités locales commencèrent alors à s'intéresser aux recherches de Wood. Un jour, le *mudir* du district, le fonctionnaire chargé de collecter les impôts, se rendit sur le site. «Je lui ai dit, raconte Wood, qu'il s'agissait des vestiges d'une ancienne mosquée ou d'une église datant du temps où les Grecs vénéraient non pas un seul et unique Dieu, mais une foule de divinités mâles et femelles. Je lui ai aussi expliqué que cette église était consacrée au culte d'une déesse dont la statue, qui mesurait douze à quinze mètres de hauteur se trouvait à l'intérieur de l'édifice.» «Ah, répondit le mudir, comme s'il avait une illumination soudaine, c'étaient des protestants.»

Au moment où John Wood fouillait le site du temple d'Artémis, Heinrich Schliemann, homme d'affaires allemand reconverti en archéologue, découvrait l'emplacement de l'antique cité de Troie, à quelque deux cent quarante kilomètres au nord-ouest d'Éphèse. Une partie des ruines qu'il mit au jour en 1870 remontait d'ailleurs à une époque beaucoup plus ancienne, celle des débuts de l'âge du bronze. Et en 1893, on découvrit une

***Fellows a emmené Scharf avec lui pour qu'il dessine les lieux qu'ils visitaient. L'artiste a ainsi représenté plusieurs sites ravagés par des séismes, comme la tombe de Chimera, ci-dessus. Dans le cas précis de cette sépulture, le séisme a eu un effet positif: enterrer à demi son couvercle richement sculpté et le protéger des intempéries. Scharf a peint un des motifs qui ornent la tombe: un char tiré par quatre chevaux perses en train de piétiner une chimère* (cartouche).**

tablette couverte de caractères cunéiformes sur le site de Bogazköy. L'étude de cette inscription et des milliers d'autres que l'on exhuma par la suite révéla que l'histoire de l'Anatolie remontait jusqu'à une période beaucoup plus ancienne que l'Antiquité grecque et romaine et que les ruines découvertes par Charles Texier n'étaient autres que celles de la capitale du puissant Empire hittite.

Après sa défaite à l'issue de la Première Guerre mondiale, l'Empire ottoman s'effondra et tomba sous le contrôle des Alliés. Mustafa Kemal se fit élire président de la république nouvellement formée. Pour bien montrer son intention de faire de la Turquie un pays indépendant, il transféra à Ankara, en plein cœur de l'Anatolie, sa capitale – située jusque-là en Europe, à Istanbul. Il commença aussitôt à appliquer une politique de réformes qui visait à faire entrer le pays dans l'époque moderne. Pour ce faire, il laïcisa l'État, et s'appliqua à redresser la situation économique du pays.

La lutte implacable menée par Mustafa Kemal contre une tradition islamique qu'il jugeait rétrograde et responsable du déclin de l'Empire ottoman donna aux spécialistes l'occasion d'étudier de plus près l'histoire d'une région très mal connue. Le président permit à une nouvelle génération de chercheurs et d'archéologues – au nombre desquels figuraient de nombreux Turcs – de travailler en Anatolie. Les méthodes de ces derniers étaient beaucoup plus rigoureuses que celles de leurs prédécesseurs, notamment en ce qui concerne la datation et l'étude comparative des strates de chaque site. C'est à cette époque qu'on a commencé à fouiller de façon systématique les tertres mystérieux que les Turcs désignent sous le nom de *hüyük*. Sous les ruines des cités impériales, des temples et des sites bibliques, les archéologues allaient trouver les preuves du brillant passé des Anatoliens pendant le néolithique – c'est-à-dire l'âge de la pierre polie – et même pendant la période antérieure du paléolithique, alors que l'on considérait jusque-là l'Anatolie comme le terrain favori des envahisseurs.

L'histoire est, chacun le sait, largement tributaire de l'apparition de l'écriture. Aussi un chercheur tchèque, Bedrich Hrozny, s'est-il rendu dès

La photographie ci-dessus a été prise en décembre 1871 par John Turtle Wood, ingénieur britannique passionné d'archéologie. Les colonnes brisées qui gisent sur le sol sont celles du temple légendaire d'Artémis à Éphèse. Wood a dû creuser pendant six années à travers une couche de limon de plus de six mètres d'épaisseur avant d'atteindre les premiers vestiges et, même alors, il n'avait pas la certitude d'avoir identifié l'emplacement du fameux sanctuaire. Du fait qu'il fondait ses recherches sur les témoignages des auteurs de l'Antiquité, l'archéologue s'attendait en effet à trouver des tambours de colonnes de dimensions beaucoup plus grandes que ceux qu'il avait exhumés.

1925 sur le site où l'on avait retrouvé les plus anciennes traces de signes écrits en Anatolie. Il a fouillé le site de Kültepe, à dix-neuf kilomètres au nord-ouest de l'actuelle ville de Kayseri et mis au jour des tablettes en cunéiforme rédigées en assyrien ancien qu'il a réussi à déchiffrer. Ces textes traitent de sujets économiques ou sociaux – accords commerciaux, borderaux, contrats, contrats de mariage et de divorce, droits d'héritage – et plus rarement de sujets historiques. On a ainsi appris que, vers 1950 av. J.-C., il y avait à Kültepe un comptoir *(karum)* florissant fondé par une colonie de marchands assyriens.

Les documents parlent aussi d'une cité, Hatti, et de son roi, qui furent vaincus au IIe millénaire par les Hittites. Dans la plaine au nord-est de Kültepe où se tenait le marché, des marchands assyriens achetaient du bétail, du cuivre, de l'argent, de l'or et des pierres précieuses et vendaient des huiles parfumées et des pièces de tissu de luxe provenant d'Assour, leur capitale, qui se trouvait à quelque huit cents kilomètres plus au sud. À partir de 1870 av. J.-C., les tablettes font souvent référence à des échanges commerciaux et même à des mariages avec des populations indo-européennes, comme les Luwites et les Hittites, qui s'étaient infiltrées en Anatolie à partir du nord de la mer Noire. La ville de Kültepe et son marché ont été détruits par le feu aux environs de 1740 avant notre ère.

Les tablettes rédigées en assyrien ancien venaient de donner un aperçu de la vie des habitants de l'Anatolie au début du IIe millénaire av. J.-C. Mais pour les périodes précédentes, les chercheurs ne disposaient que des tertres silencieux émaillant le pays. Heureusement, les travaux effectués dans les années trente par Hamit Zubeyr Kosay, directeur du Département des antiquités et des musées turcs, devaient aboutir à des révélations surprenantes sur une page encore plus ancienne de l'histoire de l'Anatolie.

Tout a commencé en 1935, avec le chantier de fouilles de Alaca Hüyük, à environ vingt-cinq kilomètres de Bogazköy, site qui avait déjà reçu un siècle auparavant la visite de William Hamilton et de quelques autres savants errants. Les chercheurs turcs avaient dû faire démolir les maisons modernes qui occupaient le sommet du tertre avant de pouvoir creuser avec

Les fouilles du site du temple d'Artémis – l'équivalent grec de la Diane des Romains – à Éphèse ont été achevées en 1904 par l'archéologue britannique David Hogarth. Pour assécher le terrain inondé, celui-ci a dû avoir recours à une locomotive à vapeur et à une pompe que le gouvernement ottoman lui a prêtées. Mais les conditions de travail en milieu humide sont restées insupportables. Alors que son équipe était en train d'exhumer de véritables trésors, Hogarth confiait: «J'attends le moment où je pourrai enfin enlever la boue de Diane de mes pieds pour la dernière fois. Je n'ai jamais eu autant de chance dans ma vie, mais je n'ai jamais autant regretté d'en avoir.»

le plus grand soin les multiples strates laissées par les civilisations successives. Mais leurs efforts et leur patience furent récompensés. «Les fouilles ont permis de faire une découverte sentationnelle, écrit Kosay plein d'enthousiasme; elles prouvent que, tant du point de vue de l'opulence que de celui des connaissances et du développement social de ses habitants, Alaca Hüyük peut sans peine soutenir la comparaison avec Our, en Mésopotamie.»

Les strates de civilisation les plus anciennes de Alaca Hüyük furent les dernières à émerger de terre, comme si les archéologues avaient remonté peu à peu le cours du temps. Les vestiges les plus récents, ceux de l'Antiquité grecque et romaine étaient peu nombreux. Les Phrygiens, quant à eux, se sont contentés de remodeler et de couvrir de graffitis les édifices des Hittites, leurs prédécesseurs, qui avaient implanté un centre militaire et religieux à cet emplacement. Le contenu des couches suivantes était proprement stupéfiant. Les spécialistes savaient maintenant que l'histoire de l'Anatolie remontait au moins jusqu'au milieu du IIIe millénaire avant notre ère.

Le site de Alaca Hüyük date des débuts de l'âge du bronze, c'est-à-dire de l'époque où les agriculteurs ont commencé à remplacer leur outillage de pierre par des instruments en cuivre. Kosay et son équipe ont découvert non pas quelques outils rudimentaires en métal, mais treize tombes somptueuses remontant à environ 2300 av. J.-C. À en juger par l'opulence des

Les plaques gravées en or ci-dessus sont sans doute des offrandes votives apportées par des pèlerins au temple d'Artémis à Éphèse. Elles font partie des quelque trois mille objets de grande valeur que Hogarth a trouvé dans la vase qui recouvrait le site du sanctuaire. Conformément aux exigences des autorités ottomanes, l'archéologue britannique rendit la totalité de ses précieuses trouvailles à la Turquie une fois que le British Museum les eut étudiées.

sépultures, le site se trouvait au centre d'un puissant royaume apparu bien avant toutes les autres civilisations de l'Anatolie que l'on connaissait jusque-là. D'après la description qu'en donne Kosay, une des tombes contenait «le corps d'une dame de haut rang vêtue de ses plus beaux atours et dont la tête était parée d'un diadème en or». La défunte était entourée d'objets d'une incroyable richesse : «À côté de l'une de ses mains, il y avait deux boules en or placées dans un récipient de métal ainsi qu'une coupe en or remplie de joyaux; à hauteur de son menton, cinq paires d'ornements en or disposés en demi-cercle et façonnés à l'effigie de personnages humains stylisés représentaient sans doute des idoles. La morte avait les poignets ceints d'une paire de bracelets en or et les pieds d'anneaux de cheville ouverts en argent. À côté des bracelets, on avait disposé onze épingles ornées d'une boule. Sous les figurines d'idoles était posé un peigne en métal. Derrière le corps, se trouvait une coupe en or incrustée de pierres de calcédoine.» L'inventaire de la tombe de ce personnage établi par Kosay n'en finit pas, pas plus que celui des douze autres sépultures royales de Alaca Hüyük. Les archéologues y ont en effet découvert, entre autres merveilles, des cuillères en argent avec un manche en or, un poignard finement travaillé avec une lame en fer – un métal extrêmement rare et précieux à l'époque —, des figurines de cuivre incrustées d'électrum, alliage naturel d'or et d'argent très recherché, ainsi que de petites épingles de cuivre décorées avec de l'or, de l'argent et de la calcédoine.

Ainsi, moins de vingt ans après la redécouverte de l'empire des Hittites, les spécialistes de l'histoire de l'Anatolie contemplaient les vestiges d'une autre civilisation oubliée, qui avait elle aussi atteint un très haut degré de développement. De toute évidence, les habitants de Alaca Hüyük étaient des orfèvres et des joailliers hors pair. «Ils avaient maîtrisé un grand nombre de techniques de travail du métal, rapporte Kosay. Ils étaient capables de façonner des objets par moulage, repoussage, soudage et martelage à froid, ce qui explique la qualité et la beauté exceptionnelles de leurs réalisations.»

Mais dans l'histoire de l'humanité, l'apparition de la métallurgie n'est jamais le seul fait de progrès technologiques accomplis par des individus. Elle implique également une démarche collective qui entraîne des changements radicaux au sein de la société où elle a lieu. Il ne suffit pas de disposer d'un ensemble de compétences techniques pour pouvoir automatiquement les mettre en œuvre; il faut aussi que la communauté dont on fait partie soit suffisamment développée pour les exploiter. Le groupe social doit, par exemple, être non seulement capable d'assurer sa subsistance mais aussi avoir une agriculture susceptible de produire des surplus de façon à ce que tous ses membres ne soient pas dans l'obligation de cultiver la terre pour se nourrir. Ce n'est que lorsque toutes ces conditions sont réunies que des individus peuvent prendre le temps d'étudier et de pratiquer l'art de la métallurgie et de l'orfèvrerie. Dans le même temps, l'apparition d'une nouvelle hiérarchie sociale qui va de pair avec cette évolution augmente la demande en ornements personnels et favorise le développement du travail du métal.

Les archéologues décelèrent que les habitants du centre de l'Anatolie faisaient partie d'une société hautement développée depuis fort longtemps. Les forgerons de la région devinrent de plus en plus habiles et découvrirent que certains minerais contenant plusieurs métaux étaient plus faciles à fondre que d'autres. Ceux de Alaca Hüyük fabriquèrent même des alliages en mélangeant délibérément des métaux. À la même époque, dans tout le Proche-Orient, les métallurgistes utilisèrent un alliage de cuivre et d'étain, le bronze, qui est beaucoup plus facile à employer que le cuivre pur parce qu'il fond à plus basse température et se solidifie moins vite.

Le bronze a en outre l'avantage d'être plus résistant que le cuivre et de permettre de réaliser des objets plus grands aux formes plus compliquées. De 3000 à 1000 av. J.-C., date à laquelle le fer a supplanté le bronze, l'adoption de cet alliage révolutionnaire s'est accompagnée de vigoureux progrès économiques et sociaux, qui se sont traduits notamment par l'avènement des grandes cités-États de Sumer ou des derniers empires de Mésopotamie. Pour faire face à la demande en outils et en ustensiles de bronze, la métallurgie a dû par la force des choses évoluer du stade de production locale à celui d'industrie régionale. Les archéologues sont de ce fait restés confrontés pendant longtemps à une véritable énigme. L'Anatolie disposait certes de riches mines de cuivre et les fouilles de sites comme Alaca Hüyük ont révélé la présence de fourneaux ayant servi à fondre le minerai de cuivre. Mais en dépit de toutes les recherches qu'ils effectuaient en Anatolie et même dans tout le Proche-Orient, les spécialistes n'arrivaient pas à trouver le moindre gisement important d'étain ni un seul grand creuset où l'on ait pu fondre ce minerai. Si bien que, jusqu'à ces dernières années, les chercheurs ne s'expliquaient toujours pas comment les habitants de l'Anatolie avaient pu se procurer l'un des deux métaux sans lequel ils n'auraient jamais pu fabriquer du bronze.

Il fallut attendre janvier 1994 pour qu'une archéologue propose enfin un embryon de réponse. Au cours d'une conférence de presse, Aslihan Yener, membre de l'Institut oriental de l'université de Chicago, présenta les résultats des fouilles qu'elle venait de mener sur le site de Göltepe, dans les monts Taurus, à une centaine de kilomètres au nord de la ville de Tarse. De 3290 à 1840 av. J.-C.,

CRÉATURES À DOUBLE TÊTE

Les anciens habitants de l'Anatolie faisaient preuve d'une surprenante prédilection pour les créatures bicéphales. Ils ont en effet représenté des figurines dotées d'une double tête dès la période néolithique, notamment des aigles bicéphales comme celui ci-dessous qui provient d'un site hittite. L'aigle à deux têtes figurait d'ailleurs sur les drapeaux de l'Empire byzantin, du Saint Empire romain germanique, de la Russie des tsars et de l'Autriche-Hongrie. En outre, dans les années quatre-vingt-dix, il est devenu le symbole de l'État russe. L'aigle bicéphale regarde toujours dans les deux sens, sans doute pour manifester sa clairvoyance, qui lui permet, comme dans le cas de la Russie, de voir l'avenir de son pays sans jamais perdre de vue son passé.

Cette déesse à double tête exhumée à Çatal Hüyük a été sculptée dans une pierre noire vers le VIe millénaire avant notre ère. L'une des deux têtes étant plus grande que l'autre, des chercheurs pensent que la figurine représentait une mère et sa fille.

L'idole bicéphale en forme de disque ci-dessus est en albâtre. Elle date du IIIe millénaire av. J.-C., et provient du site de Kültepe Hüyük, non loin de l'actuelle ville de Kayseri. Elle illustre de façon très vivante le symbole d'unité dans la dualité que constitue ces deux têtes émergeant d'une sphère.

Le canard à deux têtes en terre cuit ci-contre devait servir de récipient, si l'on en juge par la poignée qui se trouve sur son dos. Cette poterie du XIVe siècle av. J.-C. a été trouvée à Hattousas, capitale de l'Empire hittite. Elle rappelle les rhytons ornés d'animaux destinés aux dieux que l'on peut voir sur les reliefs sculptés dans le roc par les Hittites.

L'enseigne cultuelle de bronze en forme de disque solaire, à droite, mesure trente-quatre centimètres de hauteur. Elle fait partie des trésors exhumés des treize tombes royales découvertes dans la cité pré-hittite de Alaca Hüyük, près de Hattousas. La mise au jour de ces opulentes sépultures a révélé que, vers 2300 av. J.-C., autrement dit à l'âge du bronze ancien, une brillante civilisation a fleuri en Anatolie centrale. Les objets de ces tombes ont éclairé les chercheurs sur l'art du peuple qui les a réalisées, ainsi que sur sa vie sociale et sur ses croyances religieuses.

expliqua-t-elle, l'endroit a été occupé par une population de cinq cents à mille individus qui tiraient leur subsistance d'une mine d'étain. Elle avait découvert un réseau de galeries qui s'enfonçaient sur plus d'un kilomètre et demi dans la montagne, en un endroit où l'on a retrouvé des résidus de minerai d'étain de qualité inférieure. Dans ces boyaux, larges de soixante centimètres, seuls des enfants peuvent avoir extrait le minerai; des squelettes de garçons âgés de douze à quinze ans gisaient d'ailleurs dans la mine.

Cependant, les activités des habitants de Göltepe étaient loin de se limiter à fouiller la montagne pour lui arracher de l'étain. En effet, Aslihan Yener et son équipe ont mis au jour des tessons provenant de dizaines de milliers de petits creusets en terre cuite dont le plus grand avait la taille d'une marmite. Les archéologues venaient de trouver une piste qui leur permettra peut-être de comprendre ce qui s'est passé au Proche-Orient à l'âge du bronze. L'analyse de ces vestiges aux rayons X et au microscope électronique a mis en évidence la présence de scories laissées par du métal en fusion qui contenaient jusqu'à trente pour cent d'étain. Aslihan Yener a également essayé de comprendre comment les gens s'y prenaient pour extraire l'étain.

Les mineurs commençaient par allumer des feux le long de la paroi de la mine où ils travaillaient pour chauffer le minerai de façon à le ramollir et à pouvoir en détacher des morceaux avec les outils de pierre dont ils disposaient. Le minerai était ensuite remonté à la surface avant d'être réduit grossièrement en poudre, lavé et passé à la batée pour en retirer les plus grosses pépites de métal. La poudre qui restait était ensuite versée en couches séparées par du charbon de bois dans de petits creusets que l'on chauffait.

D'après leurs recherches, les spécialistes pensent que les artisans se servaient de roseaux évidés pour souffler sur le feu et qu'ils élevaient ainsi la température du foyer jusqu'à plus de 220 °C, de façon que l'étain fonde et prenne la forme de gouttelettes enchâssées dans une couche de scories. Pour obtenir de l'étain pur, il suffisait de le débarrasser de ses impuretés.

L'ingéniosité et la dextérité des artisans de Göltepe pour se procurer de l'étain montrent qu'à l'âge du bronze ancien les habitants de l'Anatolie ne se cantonnaient pas à l'agriculture. S'il en avait été autrement, comment la population d'une vallée aussi isolée aurait-elle été capable de mettre en pratique les techniques les plus modernes du Proche-Orient? D'ailleurs, dès 1938, des Britanniques ont apporté la preuve qu'à une époque plus ancienne il existait des communautés très avancées dans une autre partie de l'Anatolie, au bord de la Méditerranée, à six cent quarante kilomètres au sud de Alaca Hüyük, non loin de Mersin. Ils ont mis au jour des strates datant et du début de l'âge du bronze et de l'époque chalcolithique, c'est-à-dire la période de transition entre l'âge de la pierre et l'âge du bronze.

Dans une couche de débris remontant à 4500 av. J.-C., les archéologues ont fait une découverte étonnante. À cette époque, le site a été entièrement nivelé avant d'être reconstruit, alors qu'il était déjà occupé à l'âge de la pierre, comme on devait l'apprendre par la suite. Le nouveau village était protégé par une imposante enceinte dotée d'une porte protégée par des tours de guet et d'étroites ouvertures par lesquelles on pouvait lancer des pierres sur d'éventuels assaillants. À l'intérieur du rempart, une construction, composée d'une grande salle et d'une cour remplie de pierres servant de munitions, devait sans doute abriter des troupes ainsi que d'autres habitations d'un type plus élaboré probablement réservées à des personnages de haut rang. Du fait de sa configuration si rare pour l'époque, les Britanniques en ont conclu que Mersin faisait partie des sites fortifiés à des fins militaires les plus anciens que l'on ait retrouvés à ce jour.

Ce cerf en bronze incrusté d'argent représenterait le dieu de la Chasse. L'artisan qui l'a réalisé selon la méthode de la cire perdue s'est servi de rigoles dans lesquelles il a versé le métal fondu pour en faire un support. Les tombes royales d'Alaca Hüyük contenaient beaucoup d'objets représentant des cervidés.

Les révélations apportées par les fouilles de Mersin et de Alaca Hüyük ont bouleversé l'idée que les historiens se faisaient du passé de l'Anatolie. Pourtant ils n'étaient pas au bout de leurs surprises. Quand l'archéologie moderne a fait son apparition en Turquie, dans les années quarante et cinquante, elle a permis de mettre en évidence les traces d'une occupation encore plus ancienne de la région. En 1947, un archéologue turc, Kilic Kökten, a fouillé la grotte de Karain, à trente kilomètres au nord-ouest d'Antalaya, dans les monts Taurus. C'est là qu'on a trouvé pour la première fois un reste fossilisé du genre «*Homo Neandertalensis*». Quatre ans plus tard, James Mellaart, archéologue britannique, commença des recherches dans le sud de l'Anatolie pour retrouver la trace d'un peuple qui a émigré vers la Palestine aux environs de 1200 av. J.-C. et que la Bible appelle les Philistins. «À la place, explique-t-il, j'ai découvert des centaines de sites très antérieurs et même beaucoup plus anciens que tous les spécialistes de l'époque avaient pu imaginer.» L'un de ces sites consistait en un tertre de taille imposante situé près de la ville de Konya, au sud du plateau central anatolien. Mellaart a peut-être été encouragé à fouiller par une légende locale affirmant que Konya serait la première ville à avoir émergé des flots après le Déluge.

L'archéologue britannique a vu l'endroit pour la première fois en novembre 1952. Depuis avril, il avait ramassé des tessons dans les environs, en se déplaçant à pied, étant donné ses maigres revenus: deux cent cinquante livres. Pour comble de malchance, il était atteint de dysenterie alors que l'hiver approchait à grands pas. «J'avais l'impression d'être entouré de tous côtés par des tertres préhistoriques s'étendant à perte de vue. J'étais découragé à la seule idée de la tâche qui restait à accomplir», raconte Mellaart. Mais le tertre de Çatal Hüyük qui s'élevait à cinquante-deux kilomètres au sud-est de Konya n'était pas tout à fait comme les autres. Avec ses dix-huit mètres de hauteur et sa superficie de cent vingt-cinq mille mètres carrés, il avait une allure si particulière qu'«il attirait toujours l'œil, même à une distance de neuf kilomètres». Cependant, l'hiver était trop proche pour que l'archéologue entreprenne des recherches sur-le-champ, et l'année suivante, il fut retenu par d'autres engagements. En fin de compte, Mellaart dut attendre neuf ans avant de pouvoir fouiller Çatal Hüyük. Entre-temps, il explora un centre régional important de l'Anatolie néolithique, Hacilar, qui se trouve à deux cent cinquante kilomètres de là en direction de l'ouest. Il y mit au jour des couches remontant à 6300 av. J.-C., c'est-à-dire à une période où les hommes, jusqu'alors chasseurs-collecteurs, se sont mis à cultiver le sol, à domestiquer certains animaux et à vivre dans des villages. Il découvrit également les traces d'un établissement datant des environs de 7500 av. J.-C. «Cela voulait dire que ce site était le plus ancien trouvé en Mésopotamie, explique l'archéologue, et cette constatation me confortait dans ma conviction que l'Anatolie était loin de faire figure de parent pauvre dans l'histoire.»

James Mellaart se demandait pourquoi une période d'un millénaire s'était écoulée entre l'abandon du village le plus ancien de Hacilar et la construction de l'autre, plus récent. Il avait la certitude qu'il existait, quelque part sur le plateau anatolien, un site qui devait «combler cet espace d'un millénaire». En 1958, il profita d'une occasion qui lui était offerte pour visiter Çatal Hüyük une seconde fois en compagnie de deux amis.

La déesse, à droite, fait partie des plus belles réalisations artistiques de l'Anatolie à l'âge du bronze ancien. Le corps de la statuette est en argent, alors que sa tête est en argent plaqué or, tout comme ses bracelets de cheville et les bandelettes qui ornent sa poitrine. Cette idole qui mesure à peine 22 centimètres de hauteur serait un symbole de fertilité.

En examinant le flanc ouest du tertre, l'archéologue s'aperçut que les vents dominants avaient érodé la couche de «gazon et d'herbes folles» dont le site était recouvert, comme si une main énergique avait soulevé un voile jeté sur le passé. «Je voyais des murs noircis par le feu formant des structures rectangulaires, raconte Mellaart. Cela voulait dire qu'il y avait beaucoup de maisons. Pour moi, ces couches dataient du néolithique. Et quand mes amis m'apprirent qu'ils avaient également trouvé des vestiges de la même période au sommet du tertre, je compris qu'en fait Çatal Hüyük était une ville néolithique au plein sens du terme.»

Mellaart n'en mena pas moins à son terme le chantier de Hacilar avant de se lancer dans celui de Çatal Hüyük, dont les travaux commencèrent le 17 mai 1961. Mellaart et son équipe entreprirent d'abord de dégager une aire de quatre mille mètres carrés. «Dix jours plus tard, on découvrit les premières peintures murales néolithiques figurant sur des murs bâtis par des hommes. De toute évidence, Çatal Hüyük était un site hors du commun.» Qui plus est, là où les archéologues s'attendaient sans doute à trouver un village de dimensions modestes datant des premiers temps de l'agriculture, ils mirent au jour quatorze couches d'architecture. Bref, ils étaient en train d'exhumer un établissement de l'âge de la pierre extraordinaire, tant par sa taille que par le degré de civilisation dont il témoignait.

La ville de Çatal Hüyük se composait de plus de mille maisons de plan rectangulaire, faites de brique crue des fondations jusqu'au toit. Les maisons étaient accolées les unes aux autres sans qu'il y ait aucun espace pour des rues, à la manière des villages des Indiens pueblo que l'on voit en Arizona ou au Nouveau-Mexique, aux États-Unis. Elles formaient extérieurement une sorte de grand mur aveugle qui donnait à l'ensemble un aspect fortifié. Ces habitations, qui ne disposaient que de petites fenêtres percées en haut des murs, étaient dépourvues de porte. On y entrait par une ouverture pratiquée dans le toit, à laquelle on accédait par une échelle. Les habitants de Çatal Hüyük se servaient également d'échelle pour se rendre d'une terrasse à l'autre ou descendre dans les cours qui séparaient les blocs de maisons.

La taille de la pièce principale variait suivant l'importance de la famille. Elle mesurait en moyenne trois mètres sur quatre, quatre mètres sur six pour les plus grandes. Des piliers de brique crue ou de bois recouverts de plâtre et peints le plus souvent en rouge servaient de support à la toiture. Des plates-formes plâtrées servaient de lits, de tables et à divers usages domestiques de la vie quotidienne. Certaines parties des murs étaient ornées de fresques représentant des animaux, des empreintes de mains et de pieds, des motifs géométriques ou des groupes de danseurs et de chasseurs. L'une de ces peintures constitue le premier exemple de paysage que l'on connaisse; on y voit une ville avec à l'arrière-plan un volcan en éruption.

Cependant, outre leur fonction d'abris pour la population de la ville, la plupart des maisons de Çatal Hüyük avaient un autre usage. Certaines devaient, au moins à certaines périodes, jouer le rôle de sanctuaires dédiés à la célébration d'un culte de la fertilité, si l'on en juge par les statuettes votives, les peintures et les reliefs en terre cuite représentant la déesse mère trouvés sur place *(page 29)*. Quantité d'autres objets – poteries, silex taillés, perles, outillage en obsidienne, parures en cuivre et en plomb – ont confirmé le talent artistique des habitants de Çatal Hüyük. Dans des sépultures enfouies sous le sol des maisons, on a exhumé les premiers spécimens de textiles connus de l'histoire ainsi que des outils permettant de filer et de tisser. Selon les spécialistes, la culture des céréales et l'élevage des moutons, dont on a retrouvé la trace dans les environs, permettaient à la population de la ville de vivre à l'abri du besoin. On sait également que Çatal Hüyük pratiquait le commerce, puisqu'elle exportait de l'obsidienne vers l'Asie et se procurait des coquillages marins povenant des lointains rivages de la mer Méditerranée.

Il ne faudrait pas en déduire pour autant que Çatal Hüyük constitue un cas isolé ou une exception. À l'époque, il existait quantité d'autres sites qui avaient atteint un haut degré de développement. La cité de la plaine de Konya n'en reste pas moins l'établissement le plus vaste de l'Anatolie, et de tout le Proche-Orient. Au moment où l'agriculture faisait son apparition dans les Balkans et où les peuples de l'Europe chassaient encore pour assurer leur subsistance, Çatal Hüyük, avec sa civilisation d'un très haut niveau, avait déjà accompli les phases de la révolution néolithique.

Tandis que James Mellaart révélait au monde les merveilles de Çatal Hüyük, d'autres archéologues continuaient à fouiller la grotte de Karain et divers sites paléolithiques comme la grotte d'Öküzini. Le contenu de ces deux sites a fait remonter les débuts de l'histoire de l'Anatolie à 10000 av. J.-C. Certains spécialistes affirment même que les neuf cent soixante outils de pierre exhumés des grottes de Yarimburgaz, près d'Istanbul, dateraient de 125000 av. J.-C. Quoi qu'il en soit, les fouilles de Ashikli Hüyük – établissement néolithique plus ancien que Çatal Hüyük et d'une architecture aussi complexe, bien que dépourvue de peintures – sont venues récemment confirmer la précocité de la révolution néolithique en Anatolie *(pages 32-33)*.

Pendant des milliers d'années les habitants de l'Anatolie ont subi des changements culturels dramatiques. Bien que la préhistoire de la région soit encore une période mal connue, les recherches du XXe siècle ont démontré que l'Anatolie a toujours été à l'avant-garde des grandes étapes de l'évolution humaine, qu'il s'agisse du passage du mode de vie du chasseur-collecteur à celui de l'agriculteur, de la pierre au métal ou de la grotte à la ville. Qui plus est, selon les découvertes les plus récentes, la civilisation des Hittites, qui a fleuri au IIe millénaire sur le plateau anatolien, n'est pas un commencement mais un aboutissement, et son émergence, loin d'être due à l'arrivée tardive de populations indo-européennes en Asie Mineure, est la résultante des diverses cultures régionales qui, en se stimulant mutuellement, ont permis au génie propre de l'Anatolie d'atteindre son plein épanouissement.

LES TRACES DE LA CIVILISATION

La péninsule d'Asie Mineure est une région qui regorge de vestiges du passé. Mais au XIXe siècle, quand on a commencé à y faire des recherches, nul ne pouvait imaginer les perspectives qu'elles ouvriraient sur l'histoire de l'Anatolie. La séquence illustrée qui suit est consacrée à des sites du plateau central et de la région du sud-est traversée par le Tigre et l'Euphrate. Dans cette partie de la Turquie, on a trouvé des établissements datant de la période néolithique, c'est-à-dire des environs de 10000 av. J.-C., quand les chasseurs-collecteurs ont abandonné leur mode de vie pour se transformer en agriculteurs installés dans des villages.

Plus de six mille ans avant l'apparition de la culture de Sumer, les habitants de l'Anatolie avaient déjà accompli les premiers pas sur la voie de la civilisation. Çatal Hüyük, une des plus anciennes villes du monde, qui a fleuri entre 6000 et 5600 avant notre ère, avait atteint un très haut niveau de culture. En outre, elle ne semble jamais avoir été attaquée pendant toute sa longue existence. Faut-il en déduire pour autant que les hommes de la période néolithique étaient plus pacifiques que leurs descendants? La figurine aux formes opulentes qui est représentée ci-dessus serait vieille d'au moins huit mille ans; elle fait partie des plus anciennes figurations féminines que l'on ait retrouvées à ce jour. Cette statuette en terre cuite, qui mesure quelque onze centimètres de hauteur, a été trouvée dans le silo à grain d'un sanctuaire de Çatal Hüyük. La femme aux cuisses et aux seins proéminents qu'elle incarne serait la déesse mère, appelée aussi Grande Déesse, symbole de la fécondité et de la fertilité. Elle est en train d'accoucher, assise sur un trône, les mains reposant sur les têtes de deux panthères, tandis que ses pieds écrasent des crânes humains. C'est cette divinité qui préside à la vie et à la mort que devaient vénérer les habitants de la ville quand ils ont appris non seulement à cultiver la terre et à élever des animaux, mais aussi à tisser, à travailler les métaux et un peu plus tard à fabriquer des poteries. Le panthéon des divinités de l'Anatolie centrale a été très longtemps dominé par des déesses qui n'ont été reléguées au second plan que des milliers d'années plus tard. On peut dire en ce sens que ce sont les femmes qui ont ouvert la voie à la civilisation.

Nevali Cori

MACHINE À REMONTER LE TEMPS

Nevali Cori fait partie des plus anciens établissements permanents retrouvés dans le monde, puisqu'il est vieux de dix mille ans. Le site a été fouillé dans les années 1980-1990 par des archéologues allemands et turcs. Harald Hauptmann, responsable du chantier, a déclaré qu'il avait eu l'impression «d'entrer dans une machine à remonter le temps». Les chercheurs ont mis au jour vingt-sept habitations, qui devaient servir au stockage des vivres, si l'on en juge par les restes de céréales et d'ossements d'animaux sauvages, notamment des gazelles, qui s'y trouvaient. Mais la découverte la plus intéressante à laquelle ont donné lieu les fouilles, c'est le sanctuaire ci-dessous.

L'édifice se compose d'une grande salle carrée de quatorze mètres de côté ornée d'un étonnant sol en mosaïque. À l'intérieur, on a exhumé plusieurs images en calcaire ainsi qu'une statue sans doute placée à l'origine dans une niche qui devait faire l'objet d'un culte. D'après Hauptmann, les habitants de Nevali Cori ont été les premiers à s'installer dans la région et l'abondance du gibier a dû les encourager à se sédentariser. Il pense aussi que d'autres groupes de chasseurs-collecteurs ont commencé pour les mêmes raisons à vivre dans des villages bien avant de cultiver les environs.

Au milieu de l'enceinte de pierre du sanctuaire de Nevali Cori se dresse un pilier de pierre. Il figure de façon stylisée une forme humaine dotée de bras et de jambes. Selon certains spécialistes, Nevali Cori servait de centre religieux à une tribu disposant d'une hiérarchie sociale organisée, avec des chefs, des prêtres, des chasseurs, des paysans et des marchands.

La photographie ci-dessous montre les ruines du sanctuaire de Nevali Cori vues d'en haut. On aperçoit une niche devant laquelle on rendait probablement un culte à une divinité. Le trou dans le sol correspond à l'emplacement d'un second pilier de calcaire que des pillards de l'époque moderne ont brisé en tentant de s'en emparer.

Sur la tête vue de dos de cette statue, une forme ondulée pourrait figurer un serpent ou une coiffure en queue de cheval. La face a disparu sous l'action de l'érosion ou à la suite d'un acte de vandalisme. La sculpture, qui était fixée dans le mur du sanctuaire, aurait été utilisée auparavant dans un autre édifice plus ancien du voisinage.

Sur le fragment de bol en calcaire ci-contre, un homme et une femme tendent les bras vers le ciel. La créature située entre ces deux personnages a été identifiée par les spécialistes comme une tortue de l'Euphrate, qui serait un symbole de fertilité; mais certains pensent qu'il s'agit tout simplement d'un bébé grassouillet. Ce bol a peut-être servi, lors de cérémonies, pour brûler de l'encens ou une autre substance, étant donné les traces noires qu'on a découvertes à l'intérieur.

Ashikli Hüyük

UNE STUPÉFIANTE PRÉCOCITÉ

Le site d'Ashikli Hüyük remonte à 8000 av. J.-C., ce qui en fait l'un des villages les plus anciens de l'Anatolie. Sa population menait déjà une vie sédentaire, même si elle assurait encore l'essentiel de sa subsistance par la pratique de la chasse et de la cueillette. Les archéologues ont mis au jour plus de cent cinquante édifices en brique crue. Comme on le voit sur la photographie ci-dessous, ces bâtiments très rapprochés les unes des autres n'étaient séparés que par un étroit passage. En outre ils ne possèdent pas de porte, ce qui a fait dire à Ufuk Esin, l'archéologue turc chargé du chantier de fouilles, que l'entrée devait se faire par un trou pratiqué dans le toit, auquel on devait accéder par une échelle.

Comme dans d'autres sites néolithiques de l'Anatolie, les habitants de Ashikli Hüyük avaient coutume d'enterrer leurs morts dans le sol de leurs maisons. La plupart des femmes étaient inhumées face au nord alors que les hommes étaient orientés en direction du sud. Tous les squelettes gisaient dans la position fœtale avec les genoux repliés. Les adultes dont les archéologues ont exhumé les restes ont trouvé la mort entre dix-huit et cinquante-sept ans. Tous, y compris les plus jeunes d'entre eux, montraient des signes d'arthrite et d'affections dentaires.

Dans les rectangles délimités par les chercheurs, on voit les murs rapprochés des maisons de Ashikli Hüyük qui disposaient d'un four et d'une pièce isolée par de petites cloisons de brique crue; certaines avaient à la fois un four et un foyer. Le sol et les murs étaient recouverts de plâtre peint en rose, en rouge et en jaune. Un édifice rouge aurait abrité un sanctuaire.

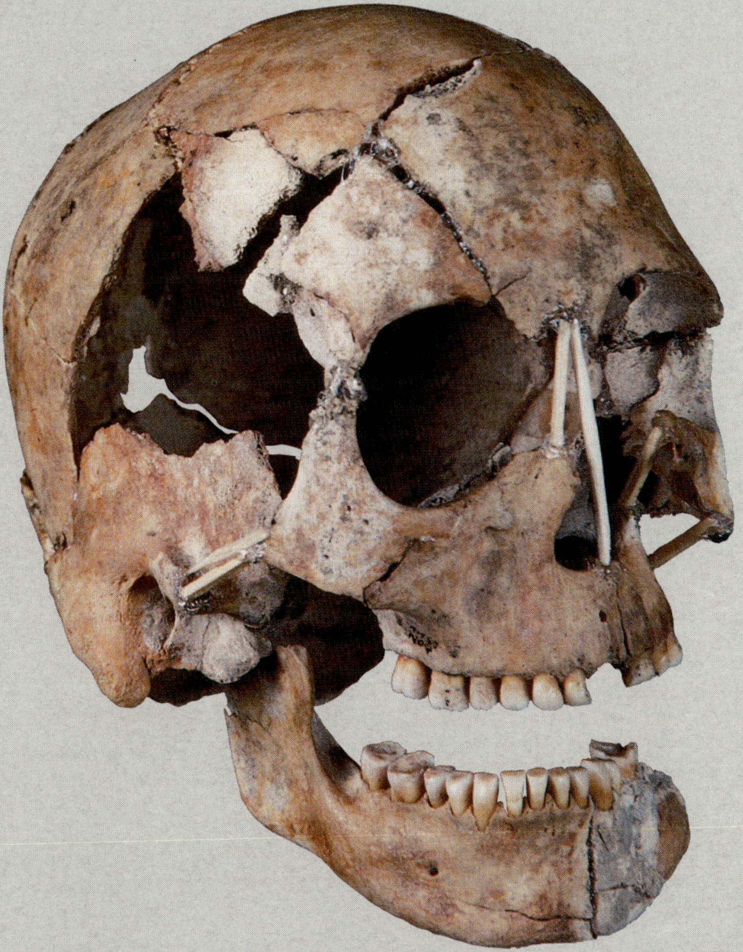

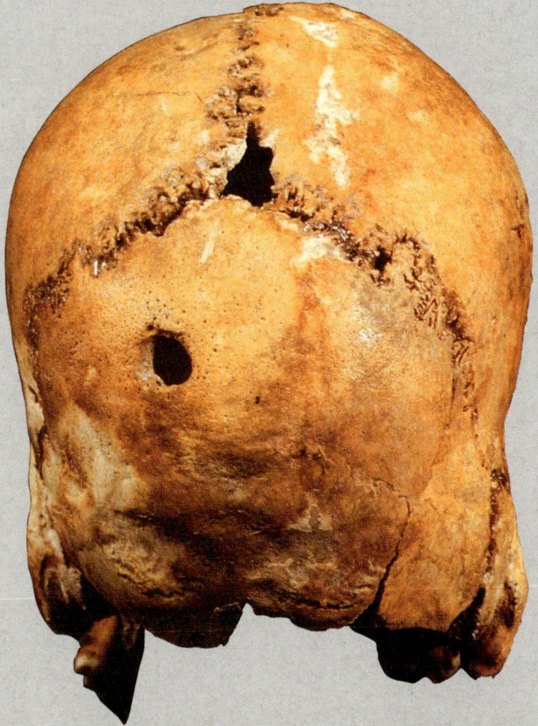

Le crâne ci-dessus est celui d'une femme âgée de 20 à 25 ans au moment de sa mort, qui a été inhumée avec son bébé. Il constitue le premier exemple connu de trépanation de la boîte crânienne. La femme ayant été blessée dans le dos, un trou en forme de graine a été pratiqué à l'arrière de la tête, peut-être pour la soulager (à droite).

Le collier ci-contre est composé de morceaux d'agate polie, dont huit étaient intacts – les deux autres ont fait l'objet d'une restauration. Chaque perle a été percée de part en part au moyen d'un foret. Cet objet, exhumé d'une sépulture féminine à Ashikli Hüyük, témoigne du goût très précoce des habitants du site pour la parure.

Cayönü

DES PROGRÈS DÉCISIFS

Bien que les fouilles d'Ashikli Hüyük aient mis en évidence un embryon de culture du sol, c'est le site de Cayönü qui constitue l'exemple le plus ancien de la mise en œuvre d'une véritable agriculture. Des archéologues turcs et américains ont fouillé cet établissement entre 1963 et 1988 sous la direction de Robert J. Braidwood, de l'Institut oriental de l'université de Chicago, et de Halet Cambel, de l'université d'Istanbul. Leurs recherches ont démontré que les habitants de Cayönü ont d'abord cultivé des lentilles, des pois et du blé et qu'un peu plus tard ils se sont mis à faire de l'élevage de chèvres et de moutons.

Cette communauté, qui a prospéré entre 7250 et 6000 av J.-C., a accompli des progrès décisifs dans l'histoire de l'homme, alors qu'elle ignorait encore la poterie. Elle travaillait notamment le métal; elle chauffait le cuivre natif pour le ramollir avant de le marteler et de le transformer en outils, entre autres des crochets et des épingles. Elle a été également l'une des premières à travailler, à la façon des architectes, en utilisant une forme de mesure rudimentaire pour bâtir ses maisons, et en mettant au point une sorte de ciment à base de chaux, dont elle recouvrait le sol et qu'elle décorait ensuite avec des incrustations de calcaire de couleur saumon.

Le plan en grille des édifices de Cayönü met en évidence le système de ventilation inventé par les habitants. Les conduites parallèles installées sous le sol des maisons devaient en facilitant la circulation de l'air éviter que l'humidité ne se condense à l'intérieur des pièces pendant l'hiver et sans doute aussi que la moisissure ne vienne gâter les réserves de céréales.

À gauche, la maison «du Crâne» de Cayönü vue de dessus. doit son nom aux quelque 90 calottes crâniennes trouvées dans deux de ses trois antichambres. La bâtisse, qui mesure huit mètres sur sept, devait servir de lieu de réunion, ce qui en fait un des premiers édifices communautaires. Dans la grande pièce, on a exhumé une grande pierre polie pesant une tonne. L'analyse de la pierre et de celle d'un couteau de silex trouvé à proximité a révélé la présence de traces de sang d'aurochs, de moutons et même d'êtres humains.

Ce disque en os, ci-dessous, trouvé à Cayönü, représenterait la tête d'une divinité versant des larmes. Les quatre lignes en son sommet figurent peut-être des cheveux. On devait passer une lanière dans la bouche pour le porter comme un pendentif ou pour le fixer sur le corps de l'idole.

La perle de cuivre et le bouton de pierre ci-dessus symbolisent les progrès remarquables accomplis par les habitants de Cayönü. Même si la culture leur demandait plus d'heures de travail que la cueillette et la chasse, leur nouveau mode de vie leur laissait du temps libre pour fabriquer des objets utilitaires et perfectionner certaines techniques.

Ci-contre, le morceau de textile le plus vieux du monde, aujourd'hui à demi fossilisé, est resté accroché au manche en bois de cervidé qu'il recouvrait déjà il y a 9000 ans, sans doute pour donner une meilleure adhérence à la main qui le tenait. Il a dû être tissé à Cayönü avec du lin cultivé sur place.

Çatal Hüyük

DES EXPLOITS TECHNIQUES

La révolution néolithique, qui a fait entrer le genre humain dans une nouvelle période de son histoire, a connu son apogée à Çatal Hüyük, une des premières villes du monde au sens plein du terme. Ses habitants élevaient du bétail, des chèvres, des moutons, et cultivaient le blé, l'orge et d'autres plantes comestibles; ils fabriquaient divers types d'objets, parmi lesquels des poteries qui figurent parmi les plus anciennes, et ils se livraient au commerce.

Pour réussir à développer une société urbaine aussi complexe que la sienne, la population de Çatal Hüyük devait avoir un sens de la cohésion et de la coopération hautement développé. Ainsi que l'ont démontré les analyses faites après les fouilles, elle avait également un fort sens religieux et une sensibilité artistique exceptionnelle, manifeste entre autres dans les peintures murales et les reliefs moulés qui ornaient les murs des habitations et des sanctuaires de la ville. Les premières de ces fresques ont été découvertes par James Mellaart, archéologue britannique qui a entrepris de fouiller le site en 1961. Pour faire réapparaître ces œuvres complexes d'une qualité remarquable, il a dû les débarrasser des couches de poussière, de détritus et parfois de plâtre qui les recouvraient depuis des millénaires.

Les vestiges des maisons de Çatal Hüyük montrent comment elles étaient accolées les unes aux autres, un peu à la manière des villages des Indiens pueblo. Les chercheurs estiment que la ville abritait de 5 000 à 10 000 âmes. Ils on basés leurs calculs sur la taille de l'une des habitations à un étage – chacune mesurait 25 m² – et sur la superficie totale de la cité.

Le relief mural de gauche se trouve dans une sorte de sanctuaire de Çatal Hüyük qui a été reconstitué au Musée des civilisations anatoliennes d'Ankara. Il représenterait une déesse mettant au monde un enfant. En dessous, on aperçoit une des têtes de taureau et de bélier en argile ornées de vraies cornes qui décoraient également la pièce. Les neuf couches de Çatal Hüyük contenaient une quarantaine de sanctuaires. Mais il semble que, dans la cité, la religion faisait partie de la vie quotidienne et que les cérémonies étaient célébrées à proximité, et peut-être même à l'intérieur, des maisons.

D'après certains spécialistes, l'homme barbu coiffé avec une raie au milieu ci-dessus serait un dieu et peut-être l'époux de la déesse mère. Il monte ici un taureau. À Çatal Hüyük, on a retrouvé beaucoup moins de figurines mâles que de représentations féminines, ce qui veut sans doute dire que la fertilité et la reproduction avaient une importance capitale pour ses habitants.

Sur cette fresque de Çatal Hüyük, des chasseurs entourent un cerf. Si certaines peintures montrent des hommes et des animaux, d'autres sont ornées de décors géométriques. Quelques-unes représentent des vautours s'attaquant à des cadavres humains décapités, allusion possible à une coutume consistant à exposer les morts aux charognards pour que ceux-ci en dépouillent les chairs. Beaucoup de ces peintures étaient recouvertes de plâtre, mais on ne sait pas pourquoi; pour l'une d'elles, on a dû enlever cent vingt couches d'enduit.

LE FRACAS DE MILLE CHARS TIRÉS PAR DES CHEVAUX

Ce rhyton en argent a la forme d'un taureau, animal sacré qui représentait le dieu du Temps, la divinité principale du panthéon hittite. L'expression paisible du bovidé ne donne guère une idée de la puissance des Hittites, peuple brillant qui a pendant un temps gravement menacé l'Égypte, même s'il devait tomber par la suite dans l'oubli.

La course au trésor archéologique à laquelle William Wright et W. Kirby Green se livraient en 1872 à Hama semblait ne vouloir leur apporter que fatigue et découragement. Les deux hommes, l'un missionnaire irlandais et l'autre consul britannique à Damas, avaient voyagé jusqu'à la ville syrienne, qu'ils connaissaient sous le nom de Hammath – son nom biblique –, en quête d'anciens blocs de basalte, dont un découvert mais laissé sur place quelque soixante années plus tôt par l'explorateur suisse Johann Ludwig Burckhardt. Ce monolithe, avec ses rangées de symboles gravés évoquant des hiéroglyphes, avait échappé à l'attention des spécialistes jusqu'en 1871, année où le consul général des États-Unis en Syrie reproduisit en peinture une pierre similaire qu'il avait trouvée à Hama en compagnie de quatre autres. Entre-temps, les blocs étaient devenus très célèbres, à tel point que des antiquaires avaient offert une grosse somme d'argent pour acquérir l'un d'entre eux. Mais les Hamathites, qui attribuaient aux inscriptions la vertu magique de guérir les rhumatismes, gardaient les blocs soigneusement cachés. Lorsqu'on les pressait d'en révéler l'emplacement, écrivit Wright, tous «nous regardaient bien en face et juraient avec véhémence qu'il n'y avait à Hama aucune pierre du genre de celles que nous cherchions».

La conspiration du silence tint bon jusqu'à ce que Wright et Green tombent enfin sur un homme qui avoua que l'un de ces vestiges archéologiques était encastré dans un mur de sa maison. Après quoi, «nous n'eûmes aucune difficulté à trouver les autres pierres», déclara William

Wright. Ainsi favorisés par la chance, les deux hommes s'empressèrent de faire profiter de leurs découvertes le pacha Subhi, gouverneur turc de la Syrie, qui, ayant voyagé en leur compagnie pour une visite officielle dans la ville de Hama, ordonna immédiatement que les blocs de pierre fussent dégagés et enlevés.

Cette décision souleva un tollé parmi les habitants de la ville, qui descendirent sans attendre dans les rues et jurèrent de détruire les pierres plutôt que de les laisser partir. Le pacha se trouva contraint de placer des sentinelles toute la nuit sur chacun des sites pour veiller à ce que les blocs fussent entiers le lendemain matin, à l'heure prévue pour leur chargement. Et les soldats ne volèrent pas leur solde, car l'effort s'avéra herculéen. Il ne fallut pas moins de cinquante hommes, quatre bœufs et la journée entière pour traîner la plus grosse des pierres jusqu'à la résidence du gouverneur, où elle trouva un abri provisoire. Selon les mots de Wright, le laborieux transport du bloc «maintint la ville en ébullition» jusqu'à la tombée de la nuit.

Ce sphinx qui orne la porte des Sphinx de Hattousas date des environs de 1230 av. J.-C. La statuette en bronze, à droite, représente une divinité et a été réalisée entre 1300 et 1200 av. J.-C. Ces deux images nous donnent une idée de ce à quoi devaient ressembler les Hittites. Toutes deux ont en effet en commun les pommettes saillantes, la mâchoire carrée, les yeux globuleux et les grandes oreilles.

C'est à ce moment, alors que les blocs se trouvaient enfin en possession du gouverneur et qu'une foule agitée parcourait les rues, qu'une pluie de météores illumina le ciel de Hama. De prime abord, les Syriens interprétèrent ce phénomène comme un signe manifeste du mécontentement d'Allah, un avertissement laissant présager des maux qui les attendaient si les pierres ne réintégraient pas la place qui leur appartenait de droit. Mais le gouverneur trouva les mots pour apaiser leurs craintes; puisque les corps célestes n'avaient blessé personne, déclara-t-il, le présage était favorable. Il fallait y lire la «lumineuse approbation d'Allah» accordée aux Hamathites pour la loyauté dont ils avaient fait preuve en remettant les précieuses pierres entre les mains de leur «calife bien-aimé, le père des croyants». C'est ainsi qu'à la suite de cette astucieuse déclaration, une cause de panique se changea soudain en motif de célébration.

Mais Wright et Green ne prirent pas le temps de s'amuser. Bien qu'ils eussent promis au gouverneur de faire déposer les blocs au Musée archéologique d'Istanbul, ils jugèrent toutefois plus urgent de faire deux moulages en plâtre de chacune des inscriptions, l'un destiné au British Museum, l'autre au Fonds d'exploration de la Palestine. Les spécialistes

allaient enfin pouvoir se mettre à la tâche et tenter de déchiffrer les mystérieux caractères. Quant à l'identité des hommes qui les avaient gravés, Wright avait sa théorie là-dessus: les inscriptions, écrivit-il plus tard, «démontreraient qu'un grand peuple, celui que la Bible appelait les Hittites mais que l'histoire classique ignorait complètement, avait jadis formé un puissant empire dans cette région».

Wright fondait son hypothèse sur les quelques mentions qu'on peut trouver dans la Bible à propos des Hittites, l'un des peuples que les Juifs trouvèrent installés en Palestine quand ils y arrivèrent. La plupart de ces allusions concernent de vagues personnages dont on ne connaît l'existence que par un nom ou une brève apparition dans le texte, tel «Éphrôn, le Hittite» qui a vendu à Abraham le champ et la grotte dans laquelle ce dernier a inhumé la dépouille de Sara, sa femme, et qui servira à lui aussi de lieu de sépulture, ou les anonymes «rois des Hittites», qui achetèrent des chevaux à Salomon, lequel aurait quant à lui compté des femmes hittites parmi ses innombrables concubines étrangères.

Peut-être Wright se serait-il désintéressé des Hittites, considérant qu'ils n'étaient qu'un des nombreux peuples oubliés de la Palestine, s'ils ne faisaient l'objet d'une autre référence, elle aussi assez floue, dans les chapitres six et sept du Deuxième livre des rois. Le passage en question raconte comment le roi de Syrie leva une immense armée et assiégea la capitale du royaume d'Israël suffisamment longtemps pour que ses habitants en fussent réduits à se nourrir de têtes d'âne et de fiente de pigeons – une tête d'âne valait quatre-vingts sicles d'argent, et un quart de qab de fiente de pigeon cinq sicles d'argent. Mais juste au moment où les assiégés perdaient tout espoir, un miracle se produisit. Dieu «fit entendre dans le camp des Syriens un bruit de chars, un bruit de chevaux et le bruit d'une grande armée». Croyant que le roi d'Israël avait appelé à son secours les forces combinées des Hittites et des Égyptiens, les Syriens furent pris de terreur et s'enfuirent au crépuscule pour sauver leur vie, abandonnant leurs tentes, leurs chevaux et leurs ânes, bref le camp tel quel.

Un déploiement de forces capable d'inspirer la panique, et une armée citée sur un pied d'égalité avec celle des Égyptiens, ne pouvait pas être le fait d'une insignifiante tribu de nomades du désert. Si la Bible méritait d'être considérée comme un document historique – la foi implicite de Wright en sa véracité est incontestable –, alors les Hittites avaient été un peuple d'une puissance prodigieuse et l'on comprenait qu'ils aient pu graver leurs annales sur les pierres de Hamat.

Mais tout le monde ne partageait pas cette certitude. Un célèbre érudit du XIXe siècle avait reproché à ce passage de la Bible d'avoir un ton peu compatible avec l'histoire, et il semblait bien que la majorité des historiens continuaient d'adhérer à ce point de vue. Pas un d'entre eux n'avait offert une théorie plus plausible. Si bien que, pour désigner les curieux hiéroglyphes gravés sur les pierres, on n'avait toujours pas trouvé de qualificatif plus satisfaisant que l'adjectif «hamathite».

Il s'avéra qu'Hama n'était pas le seul site à posséder des inscriptions de ce genre. Dans un laps de temps très court, on en trouva d'autres à Alep, cent vingt kilomètres plus au nord, et même jusqu'au centre sud de la Turquie, près d'Ivriz, ainsi qu'à Karkémish, un ancien foyer d'échanges situé sur la rive droite de l'Euphrate, à la frontière entre la Turquie et la Syrie. Sans compter que sous les vestiges d'une citadelle proche de Bogazköy (village connu aujourd'hui sous le nom de Boghazkäle), un chercheur avait déjà découvert une riche collection d'inscriptions hamathites.

C'est sur ce site des hauts plateaux venteux de la Turquie centrale, à cent cinquante kilomètres à l'est d'Ankara, que Charles-Félix-Marie Texier, archéologue et voyageur français, était tombé sur ces singuliers caractères en juillet 1834, avant d'en découvrir d'autres moins de deux kilomètres plus loin sur les parois d'un affleurement calcaire connu des indigènes sous le nom de Yazilikaya, ou «pierre gravée». Persuadé que la citadelle et le sanctuaire rocheux, avec leurs hiéroglyphes bizarres, n'étaient pas d'origine romaine, Texier était toutefois incapable de les attribuer à une autre civilisation.

Quatre décennies allaient s'écouler avant que le mystère des inscriptions de Bogazköy et de Yazilikaya ne soit percé. C'est en effet en 1879 que le philologue anglais Archibald Henry Sayce finit par remarquer que deux ou trois des hiéroglyphes représentés sur les photographies des trouvailles de Texier avaient leur équivalent sur les pierres de Hama et de Karkémish. Aux yeux de Sayce, qui s'était plongé dans la lecture d'Homère en grec dès l'âge de dix ans, la présence des inscriptions sur un vaste territoire suggérait l'existence d'une civilisation commune, si ce n'est d'une nation. Mais avant d'identifier les auteurs des inscriptions hamathites, Sayce dut attendre qu'on exhumât des écrits égyptiens et assyriens parlant d'un peuple puissant qui habitait un pays appelé Hatti. Rien n'interdisait donc de penser qu'il s'agissait des Hittites de la Bible, compatriotes des Juifs et du roi Salomon et fléau de l'armée syrienne.

C'est ainsi qu'en 1880, devant un nombreux auditoire réuni à Londres par la Société pour l'archéologie biblique, Archibald Sayce tint des propos identiques à ce qu'avait écrit six ans plus tôt le missionnaire irlandais William Wright: les inscriptions hamathites étaient l'œuvre des Hittites, un peuple dont les historiens modernes avaient grossièrement mésestimé tant la puissance que l'influence.

Cette fois, les avis des spécialistes furent partagés, il y eut des louanges et des critiques. Wright – à qui, somme toute, le mérite d'avoir redécouvert les Hittites revenait en partie – n'éprouva pas le besoin de se plaindre. Préférant prendre la plume, il écrivit *L'Empire des Hittites,* le premier livre consacré à ce peuple oublié. Bien des hypothèses avancées allaient s'avérer fausses, mais l'ouvrage n'en servit pas moins de tremplin à

Le superbe cerf couché ci-contre orne un rhyton en argent de la culture hittite. L'ouverture de cette coupe est décorée d'une scène* (à droite) *où l'on voit un cerf mort présenté en offrande à une déesse assise ou à un dieu juché sur un autre cervidé. Selon une tablette trouvée à Hattousas, il s'agirait du dieu chargé de veiller sur les champs, que l'on trouve mentionné dans d'autres inscriptions sous le nom de dieu protecteur. Ce type d'objet en argent ou en or était si précieux que les Hittites en offraient souvent aux souverains étrangers. Un texte de l'époque rapporte ainsi qu'«un récipient en argent en forme de cerf» a été donné par Souppilouliouma à un pharaon égyptien.

l'étude d'une nouvelle discipline, l'hittitologie, et il modifia de façon irréversible la conception que les historiens se faisaient de l'Ancien Monde. Les Hittites – s'exprimant, pourrait-on dire, à travers leurs écrits qui restaient toujours indéchiffrables – avaient enfin commencé à reconquérir la place qui leur revenait dans l'histoire.

Au cours du siècle suivant, les hittitologues allaient dresser le portrait d'une civilisation beaucoup plus ancienne que celle entrevue par Wright et Sayce. Les Hittites de l'Ancien Testament – baptisés néo-Hittites par les historiens d'aujourd'hui – descendaient en réalité d'ancêtres très lointains *(pages 49-51)*. En dépit de toutes les coutumes anciennes qu'ils avaient conservées, cinq siècles les séparaient des véritables Hittites, et ils ne contrôlaient plus que la frange sud-est de l'ancien royaume hittite, au nord de l'actuelle Syrie et au sud-est de l'Anatolie.

L'empire auquel les néo-Hittites doivent leur nom a commencé de voir le jour quelque mille sept cents ans avant l'ère chrétienne, et non pas en Syrie comme l'avait supposé Sayce, mais sur les hauts plateaux rocailleux de l'Anatolie centrale, à Bogazköy, le site exploré par Charles Texier. L'archéologue français n'avait évidemment pas pu s'en rendre compte à l'époque, mais les ruines qui s'étendaient devant lui étaient celles de la capitale même des Hittites, la ville appelée par les Anciens Hattousas.

Construite par étapes successives pendant des centaines d'années, et finalement ceinte d'une double muraille surmontée de fortifications en brique à colombage dotées de fenêtres et de tourelles crénelées destinées aux

archers, Hattousas se dressait sur un promontoire rocheux bordé de deux gorges escarpées; à son apogée – au XIIIe siècle av. J.-C. –, la ville couvrait une superficie de près de cent soixante-dix hectares. Lors des fouilles qu'ils y ont faites, les archéologues, notamment l'Allemand Kurt Bittel et son successeur Peter Neve, ont mis au jour une imposante citadelle qui servait de résidence aux puissants rois-guerriers ainsi qu'une vaste zone attenante qui abritait un grand nombre de temples dans lesquels les souverains rendaient hommage aux dieux, grands et petits.

À la tête de troupes levées tant chez leurs alliés et vassaux que parmi leurs propres sujets, qui habitaient des villages et des cités situés hors des murailles d'Hattousas, les chefs hittites ont utilisé pendant des siècles cette ville à la fois forteresse et sanctuaire comme une base d'où ils se sont lancés à la conquête d'une bonne partie du Proche-Orient. Ces expéditions leur ont permis de bâtir un empire qui, au plus fort de sa gloire, s'est étendu de la mer Noire aux plaines de Syrie et de l'Euphrate aux rives de la mer Égée. La puissance de leurs ennemis ne les faisait pas frémir. Portés par leurs chars révolutionnaires, légers, pourvus de roues à rayons et tirés par des attelages de chevaux du plateau anatolien, les guerriers hittites se sont enfoncés jusqu'au cœur de la Mésopotamie et ont très tôt laissé leur empreinte sur le cours de l'histoire en pillant Babylone et en mettant fin à la dynastie légendaire qu'avait illustrée Hammourabi. Des siècles plus tard, ils allaient croiser le fer avec une autre grande armée, celle de Ramsès II, et mettre un frein aux ambitions du pharaon. Bien que les armes brandies au combat par les guerriers hittites fussent forgées dans le métal qu'on utilisait à cette époque de l'histoire – l'âge du bronze –, les artisans de ce peuple ont été parmi les premiers à maîtriser une technique beaucoup plus délicate : la fonte du minerai de fer. En fait, les souverains hittites offraient en cadeau des bijoux en fer – un métal plus précieux que l'or – et d'autres objets que seuls leurs forgerons savaient fabriquer.

Malgré toute leur puissance et leur savoir-faire, les Hittites ont disparu soudain aux environs de l'an 1200 av. J.-C., laissant peu de traces visibles de leur ancienne grandeur en dehors d'une extraordinaire abondance de documents, pour l'essentiel sous la forme de tablettes en terre portant des inscriptions gravées. Depuis 1905, les ruines de Hattousas en ont livré quelque vingt-cinq mille, dont plus de trois mille découvertes par Neve en 1990 et 1991 dans une seule et unique collection d'annales royales. Quand, après des décennies d'un travail de détective procédant par recherches et tâtonnements, les spécialistes ont fini par accéder à une clef leur permettant de déchiffrer une partie des textes, ils y trouvèrent le reflet d'une civilisation qui se distinguait non seulement par son génie militaire et administratif mais aussi par une remarquable tolérance religieuse. Les tablettes révèlent en effet que, loin de raser les temples de leurs ennemis, les Hittites laissaient les cultes locaux fonctionner en toute indépendance. Plutôt que de détrôner les

LE SCEAU D'UNE FEMME

Les femmes qui vivaient en Anatolie au IIe millénaire av. J.-C. connaissaient des conditions que leur consœurs égyptiennes et mésopotamiennes pouvaient leur envier. L'égalité qui leur était garantie par la loi leur permettait d'exercer des fonctions ailleurs réservées aux hommes. Mais c'est la maison royale qui offre le meilleur exemple en ce domaine: le roi et la reine gouvernaient à part égale et souvent chacun de son côté.

Les tablettes en terre cuite nous apprennent que ce partenariat équilibré a prévalu en Anatolie centrale du début à partir du IIe millénaire et qu'il a sans doute duré jusqu'à la fin de l'Empire hittite, survenue vers 1200 av. J.-C. Seuls les titres figurent dans les documents les plus anciens, mais ils montrent que les reines jouissaient du pouvoir de gouverner en toute autonomie. À l'époque de l'Empire hittite – les XIVe et XIIIe siècles av. J.-C. –, les reines deviennent tout à fait identifiables, en particulier grâce aux sceaux en terre cuite où leurs titres et leurs noms sont gravés soit seuls soit à côté de ceux des rois. C'est sur Poudouhepa, la puissante épouse de Hattousili III et la mère de Toudhaliya IV, que l'on a recueilli la plus abondante moisson de documents, dont le sceau conjoint ci-dessus, à droite.

Peut-être Poudouhepa n'avait-elle pas plus d'obligations à accomplir que les souveraines qui l'ont précédée, mais il est certain qu'elle a régné à une époque où

l'empire était à son zénith. C'est alors notamment que les relations, longtemps précaires, avec l'Égypte – et Ramsès II – ont été stabilisées grâce au fameux traité de Kadesh. Découpé dans une plaquette d'argent, le traité était revêtu du cachet de Hattousili sur une face et de celui de Poudouhepa sur l'autre.

Quelques années plus tard, Ramsès accepta la main de deux filles de monarques hittites, et l'alliance entre les deux grandes nations en fut encore consolidée. Les lettres du pharaon à Poudouhepa sont révélatrices du respect qu'il lui accordait, et de la familiarité qui régnait entre eux, puisqu'il l'appelle «ma sœur».

Malgré tous les devoirs qui incombent à une reine, Poudouhepa devait être très aimée de son fils Toudhaliya IV: on trouve sur un sceau l'inscription suivante : «fils de Hattousili et de Poudouhepa». Et c'est le seul exemple connu de sceau royal où la mère d'un souverain soit désignée comme telle.

divinités, les rois hittites s'efforçaient de renforcer leur ascendant, allant même jusqu'à se déplacer régulièrement pour des visites aux divers centres religieux afin d'y participer à la célébration des grandes festivités annuelles. À la fin de l'empire, quand tous les cultes locaux semblent avoir été regroupés au sein d'une même religion d'État, le panthéon hittite comptait un millier de divinités. Les Hittites se tournaient vers cette cohorte aux innombrables visages pour prier à chaque fois que, pour citer une inscription, «un homme se trouve complètement dépassé par les événements».

Bien sûr, la perspective de pénétrer de la sorte la culture hittite restait du domaine du rêve à la fin du XIXe siècle, quand l'hittitologie en était encore qu'à ses premiers balbutiements. L'existence de l'Empire hittite était un fait acquis, mais le mystère demeurait entier quant à l'emplacement de son foyer et au message véhiculé par ses curieux hiéroglyphes.

Le hasard, qui n'était pas étranger à la découverte même de l'existence de la civilisation hittite, allait également jouer un rôle dans la solution de ces énigmes. De toutes les trouvailles dues à la chance, aucune n'a été plus déterminante que celle d'un dépôt de tablettes en terre cuite faite en 1887 près de Tell el-Amarna, un village de la vallée du Nil situé à trois cent vingt kilomètres du Caire. Les recherches révélèrent que les tablettes, toutes revêtues de caractères cunéiformes soigneusement disposés en lignes, faisaient partie de la correspondance diplomatique du grand pharaon Akhenaton, lequel, au XIVe siècle av. J.-C., avait fait bâtir sa capitale, Akhet-Aton, sur le site de l'actuelle Tell el-Amarna. Les tablettes contenaient de nombreuses allusions à un illustre «roi de Hatti» et des informations détaillées sur les mouvements de ses armées. L'une des tablettes était une lettre de Souppiloulioumа; dans un style raffiné, le souverain hittite y adressait ses vœux au jeune Akhenaton à l'occasion de son accession au trône.

La majorité des lettres étaient rédigées en akkadien, la langue babylonienne qui était alors la langue véhiculaire de la diplomatie. Mais deux d'entre elles étaient écrites en un langage inconnu que les spécialistes baptisèrent arzawa, en référence au souverain du pays portant le même nom auteur d'une des lettres et destinataire de l'autre. Mais qui étaient les hommes qui parlaient cette langue? Les éléments de réponse à cette question n'ont pas tardé à affluer. En 1893, près de Bogazköy, le savant français Ernest Chantre, qui s'occupait d'études géologiques et archéologiques, fit l'acquisition de deux tablettes rédigées en cunéiforme dans une langue qui s'avéra celle d'arzawa. Puis en 1905, un fragment de tablette en terre provenant de Bogazköy et couvert d'inscriptions en arzawa parvint entre les mains de l'archéologue allemand Hugo Winckler. À partir de là, les recherches visant à identifier les populations qui parlaient l'arzawa prirent un nouvel élan.

La cruche à long bec verseur en terre cuite ci-dessus devait servir à offrir du vin, du miel ou de l'huile aux dieux. Les Anatoliens ont fait des siècles durant des vases ornés d'un bec recourbé tel celui-ci, qui date du XVIe siècle av. J.-C. La poterie à droite, du XIVe siècle av. J.-C., provient de Hattousas. Sa forme circulaire était peut-être un symbole de continuité, du caractère immuable du cycle annuel ou même de l'infini.

Accompagné d'une équipe d'assistants, Winckler se rendit à Bogazköy au mois d'octobre, tout à fait résolu à exhumer d'autres tablettes. Bien que leur campagne ait été interrompue au bout de trois jours par l'arrivée soudaine de la saison des pluies, la collecte s'avéra spectaculaire: trente-quatre poteries portant pour la plupart des inscriptions intraduisibles puisqu'écrites en arzawa. La présence des tablettes, ajoutées aux vastes dimensions des ruines de Bogazköy, suggérèrent à l'archéologue que le site avait abrité un bastion de la civilisation hittite. Il décida de revenir sur les lieux l'année suivante pour s'en assurer.

Cette fois-ci, Winkler et son équipe arrivèrent en juillet, bien avant la saison des pluies. Ils installèrent la tente qui leur servait de quartier général sur un massif rocheux connu sous le nom de Büyükkale, ou Grand Château, situé à l'emplacement de la citadelle de Bogazköy, et concentrèrent leurs recherches sur le versant ouest et la plaine qu'il surplombait. Spécialiste des langues anciennes, Hugo Winckler n'accordait aucune considération à la méthodologie archéologique. Il ne se souciait que de déterrer des tablettes afin de les déchiffrer. Ludwig Curtius, un de ses assistants, était en train de surveiller les opérations quand le chef d'équipe – un «beau jeune Kurde à la taille élancée répondant au nom de Hassan» – mit au jour une impeccable rangée de tablettes en terre parfaitement préservées. «Le Kurde s'y attaqua avec la désinvolture d'une paysanne en train de bêcher un champ de pommes de terre», écrivit Curtius. Puis il les jeta dans un panier pour les apporter à Winckler, qui attendait la collecte dans une hutte à clayonnage installée à proximité

Pour se protéger des mouches et de l'«irréductible intérêt que les petites bêtes amicales prenaient à mon travail», Winckler se couvrait la tête et le cou et portait des gants, malgré la chaleur féroce de l'été anatolien. À mesure qu'il s'absorbait dans l'étude des tablettes, dont une bonne partie portaient des inscriptions en akkadien, une langue lisible, la certitude l'envahit que Bogazköy n'était pas un site ordinaire. «Il était désormais parfaitement clair qu'il s'agissait d'un grand centre, écrivit-il, et il était tout aussi indéniable que les vestiges d'archives ne pouvaient provenir d'un roi insignifiant.» Quant aux liens que les ruines entretenaient avec les Hittites et le territoire inconnu d'Arzawa, Winckler ne disposait pas de suffisamment d'informations pour être en mesure de les préciser.

Mais la réponse ne se fit pas attendre longtemps. Au bout de dix jours de fouilles, un assistant remit à Winckler une tablette magnifiquement préservée et rédigée en akkadien *(page 68)*. «Au premier regard, a raconté l'archéologue, toutes les expériences de ma vie ont soudain été éclipsées.» Il avait sous les yeux rien moins qu'une lettre adressée par Ramsès II à Hattousili III, roi des Hittites, dans laquelle le pharaon d'Égypte formulait les termes d'un traité de paix historique entre les deux grandes puissances anciennement ennemies. Or le texte de cette convention était gravé en hiéroglyphes égyptiens depuis trois mille cent ans sur les murs du temple de Karnak et sur ceux du sanctuaire funéraire du pharaon, le Ramesseum, sur la rive occidentale du Nil, face à Thèbes. Et voilà qu'était posée devant Winckler une lettre qui avait indubitablement servi de base pour la rédaction définitive du traité et qui formulait mot pour mot, paragraphe après paragraphe, «dans la plus belle écriture cunéiforme et en bon babylonien» les accords et les conditions couchés par écrit dans les fameuses versions égyptiennes que l'archéologue connaissait pratiquement par cœur.

Une telle missive ne pouvait provenir que des archives des grands monarques hittites et, dans ce cas, Bogazköy n'était autre que la capitale de leur empire. Quant au pays d'Arzawa mentionné dans les lettres de Tell el-Amarna, les recherches montreraient ultérieurement qu'il s'agissait d'un État vassal où, à l'évidence, l'«arzawa» – ou hittite – était la langue officielle.

Durant les trois autres années de fouilles qu'il effectua à Bogazköy, Winckler exhuma quelque dix mille tablettes et fragments. Les inscriptions en akkadien lui fournirent une documentation précieuse sur l'identité d'une pléiade de rois hittites et sur les exploits qui leur étaient attribués, documentation qui allait pouvoir servir de fondation à la reconstruction de l'histoire hittite. Mais l'immense majorité des tablettes – celle qui étaient rédigées en cunéiforme – sont restées désespérément muettes jusqu'à ce que Bedrich Hrozny, un brillant savant tchèque et professeur d'assyriologie, leur arrachât une partie de leurs secrets.

Spécialiste des anciennes langues sémitiques, Hrozny n'était pas en mesure de donner un sens aux mots hittites, mais il n'avait aucune peine à lire les caractères anguleux qui les composaient. En se basant sur la phonétique, il isola les mots qui lui semblaient être des noms propres. Après quoi il procéda à l'identification des idéogrammes – ou signes constituant un mot – directement empruntés au cunéiforme babylonien, le système qui avait servi aux Hittites pour développer leur propre tradition écrite.

L'un de ces idéogrammes était celui de *ninda*, qui veut dire «pain». Hrozny trouva une occurrence de ce caractère au sein d'une séquence de termes intraduisibles : *nu ninda-an ezzateni vadar-ma ekutteni*. Tandis qu'il étudiait un à un les mots composant cette phrase, il joua avec une idée audacieuse proposée en 1902 par le savant norvégien J.A. Knudtzon, à savoir que le hittite présentait des structures grammaticales caractéristiques de la famille des langues indo-européennes. On pense que ces langues, parmi lesquelles figurent celles de l'Inde, du Centre et de l'Ouest asiatique et de la majeure partie de l'Europe, sont nées de la même souche à une certaine époque de la préhistoire.

Cette idée allait à l'encontre de toutes les théories admises par les spécialistes de l'histoire du Proche-Orient. Et pourtant, plus Hrozny méditait sa phrase, plus sa conviction se renforçait. Le mot hittite *ezzateni,* par exemple, ressemblait étrangement à *ezzan,* un terme du haut allemand qui signifie «manger». Et après tout, se demandait Hrozny, qu'est-ce qu'on fait avec ninda, le pain, si ce n'est le manger! Il y avait aussi *vadar.* Phonétiquement, ce mot hittite sonnait comme *watar* en ancien saxon, *water* en anglais et *wasser* en allemand.

Tels les éléments d'un puzzle, le sens des mots se mettait en place. Se fiant à son intuition affûtée par de nombreuses années d'études linguistiques, Hrozny se risqua à proposer une traduction de la phrase: «D'abord vous mangerez du pain, et ensuite vous boirez de l'eau.» Ce fut pour lui un instant de pure illumination, où il ressentit, pour reprendre les propos d'un journaliste, «ce frisson de terreur sacrée que suscitent les voix provenant de tombes immémoriales».

Bedrich Hrozny était impatient de faire partager son extraordinaire découverte. Le 24 novembre 1915, à Berlin, face à une assemblée de la Société du Proche-Orient, il proclama que le hittite était une langue indo-européenne. Comme on pouvait s'y attendre, cette déclaration fut reçue avec le plus grand scepticisme, mais Hrozny ne prêta aucune attention aux critiques. Au contraire, il continua sur sa lancée et publia une étude exhaustive sur la structure grammaticale du hittite, suivie, en 1919, par les premières traductions de fragments importants des tablettes de Bogazköy.

L'écheveau de la langue hittite n'était certes pas démêlé, et ne le serait pas avant qu'un grand nombre de philologues ne s'attellent à la tâche, mais la contribution précieuse et originale de Hrozny avait ouvert une brèche dans la masse considérable des archives hittites, qui constituent l'une des plus anciennes bibliothèques de l'histoire de l'humanité. Sans ce premier déchiffrage du code énigmatique du cunéiforme utilisé par les Hittites, ce peuple serait resté enfoui sous la poussière ancestrale qui le dérobait depuis si longtemps aux regards des savants.

Pourtant, une petite portion des annales hittites restait inaccessible: les textes qui, comme les mystérieuses inscriptions hamathites, avaient été rédigées en hittite hiéroglyphique. Archibald Sayce avait défriché le terrain vers la fin des années 1880 en traduisant six hiéroglyphes, dont quelques-uns à la suite de la découverte d'un sceau bilingue en argent portant des inscriptions écrites à la fois en hittite hiéroglyphique et dans un cunéiforme reproduisant un dialecte hourrite connu. Mais il allait falloir attendre 1946 pour que se produisît une véritable percée. Cette année-là, Helmuth T. Bossert, professeur à l'université d'Istanbul, découvrit des inscriptions sur les blocs qui flanquaient les entrées jumelles d'une forteresse néo-hittite à Karatepe, dans les monts Taurus, au sud de la Turquie. Sur les deux panneaux de droite étaient gravés des hiéroglyphes hittites, tandis que ceux de gauche portaient des inscriptions en phénicien rédigées dans une écriture sémitique

LES HÉRITIERS DU NOM HITTITE

Charles Texier et William Hamilton ont exploré sans le savoir le berceau de l'ancien Empire hittite dès les années 1830. Mais pour que l'empire un temps disparu sorte de l'oubli, il aura fallu attendre que d'autres chercheurs trouvent des objets «néo-hittites» quelques décennies plus tard, dans le sud-est de l'Anatolie et en Syrie, et qu'ils établissent un lien entre ces objets qu'ils venaient d'exhumer et les trouvailles plus anciennes.

Les néo-Hittites n'étaient pas véritablement les descendants du peuple dont ils ont hérité le nom. C'étaient en fait des Anatoliens de l'est et des Araméens. Vers 1000 av. J.-C., deux siècles après l'effondrement de l'Empire hittite, ces groupes constituaient une organisation assez lâche d'États qui dura jusqu'en 700 av. J.-C., quand l'Assyrie voisine annexa leurs royaumes. On les appelait Hittites du fait qu'ils occupaient les anciennes villes de ce peuple et qu'ils avaient adopté bien des aspects de sa culture, y compris la langue. Dans le domaine de l'art et de la sculpture, ils eurent recours aux formes hittites traditionnelles, par exemple les reliefs sur pierre, et les modifièrent par des apports de leur propre culture syro-mésopotamienne. Le fruit de cette hybridation apparaît dans une sculpture du IXe siècle av. J.-C. trouvée à Babylone, où Teshoub, dieu de l'Orage, brandit un éclair *(à gauche)*. Aux attributs caractéristiques de la divinité hittite – la courte tunique, les bottes au bout retroussé et le chapeau conique –, les néo-Hittites ont ajouté quelques petites touches assyriennes, dont la plus remarquable, tant par le style que par l'importance accordée, est la fameuse barbe bouclée.

Ce sont ces sculptures qui ont fait germer dans l'esprit des chercheurs l'idée qu'une nation hittite avait pu fleurir en Anatolie. Mais les objets néo-hittites ont fait plus que prouver que les légendaires «hommes de Hatti» avaient existé. Les inscriptions qu'ils portaient ont fourni aux archéologues une source de renseignements sur l'histoire des Hittites après la chute de leur empire. Et le fait que des traces de la culture hittite persistaient cinq siècles après l'effondrement de celui-ci – et en un lieu aussi éloigné que Babylone – témoignait de l'influence qu'avaient exercée les Hittites dans une région jadis considérée comme l'arrière-cour des Empires babylonien, assyrien et perse.

Le relief ci-dessus provient de la porte des Lions du palais d'été de Karkémish, édifié vers la fin du VIIIe siècle av. J.-C. Il illustre l'ascendant de l'Assyrie sur la culture néo-hittite, alors affaiblie. À l'exception du lion, motif hittite, le reste est d'inspiration assyrienne.

Une fillette hittite tenant un faucon dans la main droite et un stylet dans la main gauche est juchée sur les genoux de sa mère. Ce relief, du IXe siècle, a été retrouvé dans le sud-est de la Turquie. Les néo-Hittites préféraient les scènes domestiques à celles qui traitent de la guerre ou de l'État, ce qui prouve qu'ils ont mené une vie paisible et heureuse.

Les trois reliefs ci-dessous et l'inscription de type hiéroglyphique qui les accompagne représentent le roi de Karkémish en compagnie de sa famille. À l'extrême gauche, le prince précède le monarque, tandis que la reine, qui porte un bébé dans les bras et tire une chèvre, les suit. Le panneau du milieu montre d'autres personnages, sans doute des enfants du roi, en train de jouer, ainsi qu'un bambin qui fait ses premiers pas.

Ce cliché pris en 1993 depuis la nacelle d'une montgolfière montre Peter Neve en train de photographier Hattousas, située quelque mille cinq cents mètres plus bas. L'archéologue allemand considère que les photographies aériennes lui apportent une aide précieuse dans ses recherches. Bien que ce procédé tende à niveler le relief, il a permis de donner un aperçu complet du plan de la ville et des différentes phases de sa construction. Il a également le mérite de signaler les dépressions ou les élévations du sol indécelables à l'œil nu.

lisible. La quasi-identité des contenus et la longueur du texte permirent aux spécialistes de se servir des inscriptions pour compiler un vocabulaire de base et une grammaire de hittite hiéroglyphique Ainsi, près de soixante-dix ans après la découverte de la civilisation hittite par Wright et Sayce, les historiens avaient enfin entre les mains les deux clés du royaume hittite.

Une fois résolue l'énigme que représentait depuis longtemps la lecture des textes hittites, l'attention des savants s'est trouvée sollicitée par un autre mystère: si les Hittites parlaient bien une langue indo-européenne – autrement dit une langue qui n'était pas originaire du plateau anatolien –, alors de quelle région pouvaient-ils venir?

Hrozny, qui pensait avoir détecté dans la structure du hittite des traces du groupe occidental des langues indo-européennes, émit l'hypothèse que les fondateurs de l'empire venaient de l'ouest. D'autres soutenaient qu'ils étaient descendus d'un foyer situé au sud de la Russie, et, aujourd'hui encore, les spécialistes restent divisés sur la question. Ils n'ont pas réussi non plus à établir si les nouveaux venus étaient arrivés jusqu'au plateau central anatolien par l'ouest, en traversant le détroit du Bosphore, ou par l'est, en passant entre la mer Noire et la mer Caspienne et en franchissant le Caucase.

La découverte d'un établissement indigène sous une ville indo-

Le plan ci-dessous montre les contours de la place forte de Hattousas. La partie importante des fondations des remparts qui subsiste est matérialisée par une ligne épaisse, tandis que le reste est indiqué par des pointillés. Le Grand Temple, situé au nord-ouest, domine la ville basse, alors que la citadelle, où se trouvent le palais royal et les archives, est isolée sur un plateau à l'ouest. Selon Peter Neve, la ville haute, avec ses portes monumentales et ses édifices bien agencés, était un centre religieux. Elle a été construite sous les règnes de Toudhaliya IV et de son fils Souppilouliouma II à l'extrême fin du XIIIe siècle av. J.-C., juste avant que l'Empire hittite ne s'effondre et que Hattousas ne soit détruite.

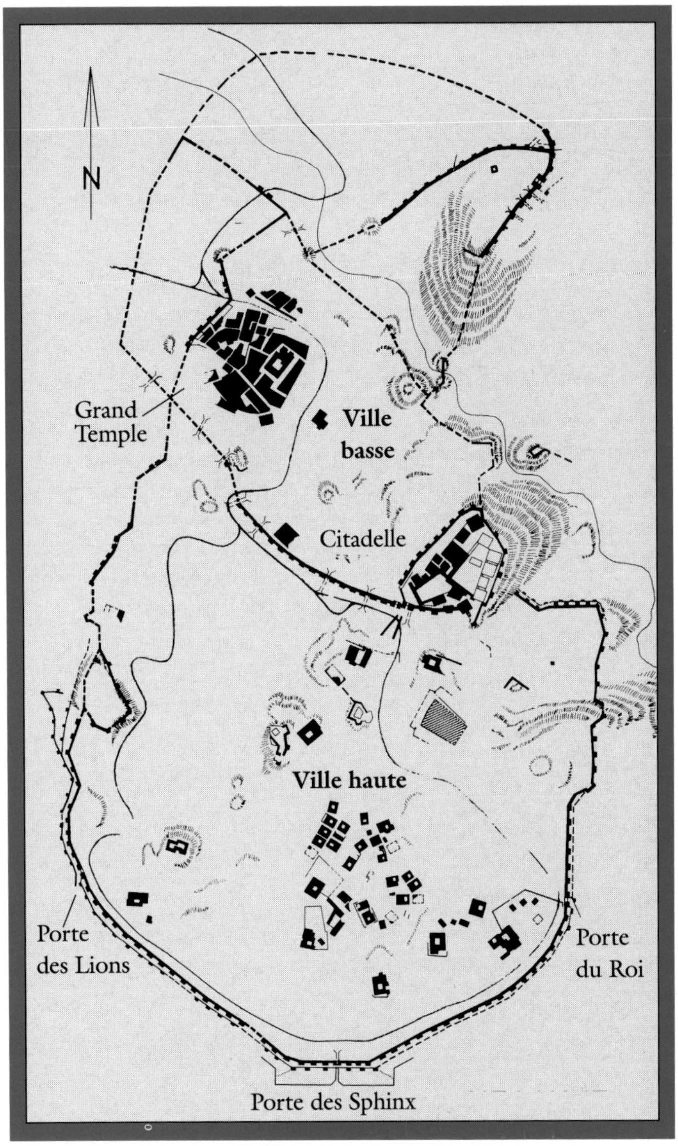

européenne plus tardive, à Alaca Hÿük, site qui se trouve à une vingtaine de kilomètres de Bogazköy, a conduit les historiens à supposer que les premiers migrants hittites sont arrivés en Anatolie avant le XIXe siècle av. J.-C., mais ils ne peuvent avancer une date plus précise ni établir s'il s'est agi d'une migration massive ou progressive. Ce dont ils sont sûrs, c'est que la population autochtone qu'ils ont trouvée sur place – les Hattiens – s'est peu à peu mêlée à eux et aux Hourrites du sud de l'Anatolie et du nord de la Mésopotamie pour former la civilisation hittite. En fait, le mot hittite est dérivé de Hatti, le nom de la patrie des Hattiens.

C'est dans l'ancienne ville de Kanesh, près de Kayseri, à quelque cent cinquante kilomètres au sud-est de Bogazköy, que l'on a trouvé la première trace directe d'une présence indo-européenne en Anatolie. Depuis 1925, on sait grâce à Hrozny que les marchands assyriens qui ont fondé un *karum*, ou comptoir, à Kanesh aux environs de l'an 1950 av. J.-C. gardaient des registres où toutes leurs transactions, y compris les prêts et les contrats, étaient soigneusement consignées en cunéiforme. Parmi les nombreux noms de clients hattiens figurant sur les milliers de tablettes en terre, beaucoup comportaient des éléments indo-européens. C'est ce qui a incité les archéologues à penser que les Hittites avaient commencé à faire parler d'eux au XIXe siècle av. J.-C.

Il est intéressant de noter que Hattousas, la ville qui deviendrait un jour leur capitale, apparaît sur diverses tablettes comme le lieu de résidence d'un certain nombre de partenaires commerciaux des marchands de Kanesh. Et les fouilles effectuées à Bogazköy par Kurt Bittel ont confirmé l'existence d'un comptoir apparenté à celui de Kanesh. En creusant à la base de Büyükkale, Bittel parvint à identifier une succession de phases historiques, dont la plus vieille correspondait à l'établissement hattien pré-hittite. Le comptoir assyrien se trouve à son extrémité nord-ouest et semble avoir été fondé aux environ du XIXe siècle av. J.-C., soit environ un siècle après Kanesh. Le comptoir et la cité hattienne ont tous deux été anéantis par le feu à la fin du XVIIIe siècle avant notre ère, comme en témoigne l'épaisse couche de débris calcinés trouvée par Bittel. Sans un texte, dont les archives royales du palais hittite ont livré plusieurs copies, les historiens n'auraient pas beaucoup d'indices sur la nature du malheur qui a frappé les commerçants et les habitants de la ville. Le document en question – qui semble être une copie, effectuée par un scribe hittite aux environs de l'an 1700 av. J.-C., d'inscriptions gravées sur un monument en pierre érigé du côté extérieur de la porte d'une cité-État anatolienne – relate les hauts faits de deux rois, Pithana et son fils Anitta. Il leur attribue non seulement la conquête de Kanesh (où un fer de lance portant une inscription au nom d'Anitta a été découvert) mais aussi, exploit encore plus remarquable, celle du comptoir et de la ville de Hattousas. «Je l'ai prise d'assaut pendant la nuit, aurait dit Anitta, et à son emplacement, j'ai semé les mauvaises herbes. Quiconque deviendra roi après moi et reconstruira Hattousas, que le dieu de l'Orage du Ciel le frappe.»

Quoi que les Hittites aient pu penser de ce conquérant belliqueux, ils n'ont tenu aucun compte de sa malédiction. Plus d'un siècle après le pillage de Hattousas par Anitta, le roi Hattousili Ier rebâtit la cité et en fit la capitale de son royaume. Le premier souverain hittite connu, personnage assez flou qui était probablement le père ou l'oncle de Hattousili, avait repoussé les limites du royaume vers le sud jusqu'aux rives de la Méditerranée et vers l'ouest jusqu'au petit royaume d'Arzawa. Et maintenant Hattousili, en digne successeur du roi guerrier qui l'avait précédé, lançait ses armées vers le sud-est, à travers les monts Taurus et vers Alep, en Syrie du Nord. En cours de route, il enlevait l'ancienne cité de Hashshu, qu'il «terrassa comme un lion d'un coup de patte», proclame un texte cunéiforme relatant les exploits du monarque. «Il la recouvrit de poussière et s'empara de ses possessions pour en remplir Hattousas. L'or et l'argent coulaient sans commencement ni fin.»

La base et les côtés du cachet, tout en haut, à gauche, sont ornés de scènes religieuses dont on voit à droite une empreinte moderne réalisée comme jadis dans de l'argile fraîche. Cet objet du XVIe siècle av. J.-C. permettait à son propriétaire d'apposer sa marque sur des objets et des documents. Son manche est muni d'un trou dans lequel on passait un lien de façon à pouvoir le porter autour du cou. Les hiéroglyphes sur le cachet en or monté en bague et sur l'empreinte ci-dessus ont été gravés entre le XVe et le XIIIe siècle av. J.-C. et disent que le bijou appartenait au fils d'un roi hittite.

Aussi glorieuses qu'elles fussent, ces victoires n'ont guère aidé Hattousili à trouver un successeur quand, à un moment donné de son règne, il s'aperçut, nous disent les historiens, que son neveu, héritier du trône, complotait pour le déposer. Outragé, le monarque prononça devant une assemblée de notables un discours, connu comme son testament politique, que les archéologues ont trouvé consigné dans les archives de Bogazköy. Hattousili y dénonçait la conspiration, condamnait son instigateur à l'exil et désignait son propre petit-fils, Moursili Ier, comme héritier du trône. Puis, s'adressant personnellement à Moursili, il lui donnait des conseils pour la sauvegarde du royaume: «Vous devez rester fidèle à mes paroles! proclamait-il. Tant que vous y resterez fidèle, Hattousas restera grande et vous maintiendrez votre pays en paix... Si vous n'y restez pas fidèle, votre pays tombera entre des mains étrangères. Prêtez une attention soigneuse aux paroles des dieux! Ils ne doivent jamais manquer de pains sacrificiels, de libations, de gâteaux et de farine... Mon fils, ce qui est dans ton cœur, fais-le toujours.»

Moursili semble avoir suivi le conseil de son grand-père, car le pays de Hatti s'est considérablement agrandi sous son règne. Au milieu du

VIe siècle avant notre ère, après avoir conquis le nord de la Syrie, le jeune roi partit à la tête de ses armées en direction de Babylone, à huit cents kilomètres en aval sur le cours de l'Euphrate. Par un exploit d'une audace inouïe, il s'empara de la ville et la mit à sac. Après quoi, des rumeurs d'agitation politique à la maison vinrent détourner son attention, et il abandonna Babylone pour se replier à Hattousas.

Pas plus qu'à Hattousili, il n'a été donné à Moursili de se reposer sur ses lauriers. Peu après son retour, il fut assassiné par son beau-frère, Hantili, et pendant plusieurs générations Hatti sombra dans les dissensions internes et les intrigues de palais. L'un après l'autre, le royaume perdit les territoires qu'il avait si durement gagnés, et son prestige s'amenuisa à mesure que sa puissance s'effritait. Selon Peter Neve, c'est de cette période au climat agité que date la première grande muraille de Hattousas. L'archéologue a identifié les fondations en pierre d'un mur défensif, épais de près de huit mètres et doté de tours en saillie, qui entourait la citadelle et le quartier résidentiel attenant. Devant la menace tangible d'une invasion, la ville avait été transformée en une vaste place forte ceinte d'une muraille longue de mille deux cents mètres et large de quatre cents.

Le petit cachet en argent ci-dessous a grandement contribué au déchiffrement du hittite. Il contient en effet une inscription rédigée à la fois avec des caractères cunéiformes **(cercle extérieur)** *et des hiéroglyphes hittites* **(cercle intérieur).** *En 1880, Archibald Henry Sayce, philologue anglais, étudia une empreinte de ce sceau et traduisit d'abord la partie en caractères cunéiformes qui parle de «Tarkoumouwa, roi du pays de Erme». Il réalisa ensuite qu'un triangle avec une croix correspondait au mot «roi» et que deux triangles avec des rayures avaient le sens de «terre» ou de «pays».*

Mais par une étrange ironie du sort, ce n'est pas à ce rempart que le royaume hittite, désormais si fragile qu'il semblait prêt à basculer dans l'anarchie, a dû son salut, mais à une autre révolution de palais. En 1465 av. J.-C., Telepinou, l'époux d'une princesse royale, s'empara du trône et, avec une pugnacité qui allait caractériser tout son règne, se débarrassa de tous ses rivaux dans le même bain de sang. Après quoi il fit paraître un rescrit posant – pour la première fois dans l'histoire de Hatti – les règles de succession au sein de la famille royale. Soigneusement conservées dans les archives hittites, ces règles ont été, à une seule exception près, fidèlement respectées jusqu'aux derniers jours de l'Empire hittite.

Le rescrit de Telepinou établissait clairement que, si le roi jouissait bien de la souveraineté suprême, ses actions n'en restaient pas moins soumises à tout moment à la surveillance du *pankus,* une assemblée constituée de membres de la noblesse. Sur ce point, la loi ne laissait planer aucune équivoque: elle demandait aux notables qui siégeaient au pankus de rappeler au souverain que «quiconque fait le mal parmi ses frères et ses sœurs» doit en répondre «sur sa tête royale».

Un esprit de relative justice souffle sur l'ensemble du code hittite, dont la rédaction formelle semble, de façon assez inattendue, remonter au règne de Telepinou. Les fouilles de Bogazköy ont livré un grand nombre de fragments de tablettes en terre, datant probablement du siècle suivant, sur lesquelles on a trouvé le texte de deux cents lois foncières. Ces lois, toutes basées sur des décisions de justice sanctionnant des cas hypothétiques, définissaient le traitement à appliquer à tous les délits imaginables, depuis l'incendie volontaire et le viol jusqu'au vol d'une ruche.

Les savants ont été frappés à la fois par la tendance des rois hittites à régenter tous les aspects de la vie quotidienne et par le caractère relativement humain des textes de lois. Contrairement à d'autres codes de la même époque, celui-ci évitait les châtiments cruels et privilégiait la restitution par rapport à la punition; ainsi, l'offensé n'avait plus de motif de se venger. «Si un homme libre met le feu à une maison, dit une règle, il la reconstruira.» De même, si quelqu'un commettait un meurtre, il devait dédommager la famille pour la perte qu'elle avait subie. Quant aux femmes et aux esclaves, bien que leur rang fût inférieur à celui des hommes libres, ils jouissaient tout de même de droits non négligeables. Une mère de famille qui devenait veuve mais qui possédait de la terre, par exemple, pouvait déshériter son fils si ce dernier ne subvenait pas à ses besoins pendant sa vieillesse, et rien n'interdisait à un esclave d'être propriétaire. Pour les hommes libres, seuls le viol, certaines formes de bestialité et le refus de se plier à l'autorité du roi étaient automatiquement sanctionnés par la peine de mort.

À partir des milliers de textes juridiques et de titres de propriété collectés jusqu'ici à Hattousas, les historiens ont pu se forger une image assez précise de ce qu'était, à la fin du IIe millénaire av. J.-C., la vie d'un sujet ordinaire du royaume hittite, vivant à proximité de la capitale mais en dehors du mur d'enceinte. Les spécialistes savent, par exemple, que la majorité des Hittites tiraient leur subsistance de la terre, soit en élevant du bétail soit en cultivant des céréales pour l'alimentation humaine ou animale. Le titre de propriété de Tiwatapara, homme libre et cultivateur, est tout à fait typique de ce statut, qui était celui d'innombrables Hittites. Il vivait dans la «ville de Hanzousra», sans doute un village agricole très peuplé, en compagnie d'Azzia, son épouse, de Harouwandouli, son fils et d'Anitti et Hantawiya, ses deux filles. À l'époque où l'on procéda à l'inventaire de ses biens, Tiwatapara possédait vingt-deux moutons, dix-huit chèvres, cinq chevreaux, quatre agneaux, six bœufs de trait et deux autres bœufs. Il avait en outre quatre mille mètres carrés de pâturages pour ses bœufs dans le village voisin de Parkalla et un vignoble de quatorze mille mètres carrés où poussaient quarante pommiers et quarante-deux grenadiers.

Si ses chèvres allaient brouter dans la vigne de son voisin, la loi lui faisait obligation de verser une indemnité calculée au prorata de la surface endommagée et spécifiait que les réparations s'effectuaient en argent, le métal qui, à l'époque, servait de monnaie d'échange dans tout le Proche-

L'INFLUENCE GRANDISSANTE DU COMMERCE

Pendant deux cents ans, un système de commerce aussi remarquable que fructueux a existé entre l'Anatolie et la Mésopotamie. En 1950 av. J.-C., les marchands assyriens ont fondé au moins dix *karum* – ou comptoirs – permanents dans l'est et le centre de l'Anatolie. À partir de ces comptoirs, des caravanes d'ânes chargés d'or, d'argent et de cuivre partaient vers la ville assyrienne d'Assour, dont ils revenaient chargés de tissus, de vêtements, de parfums et d'étain, métal essentiel à la fabrication du bronze.

L'artisanat prospérait dans les comptoirs, où l'on produisait, entre autres, des vases rituels zoomorphes, comme ceux ci-dessous, qui servaient pour les libations aux dieux, et des paires de bottes en céramique *(en haut, à droite)*, dont les pointes retournées deviendraient, des siècles plus tard,

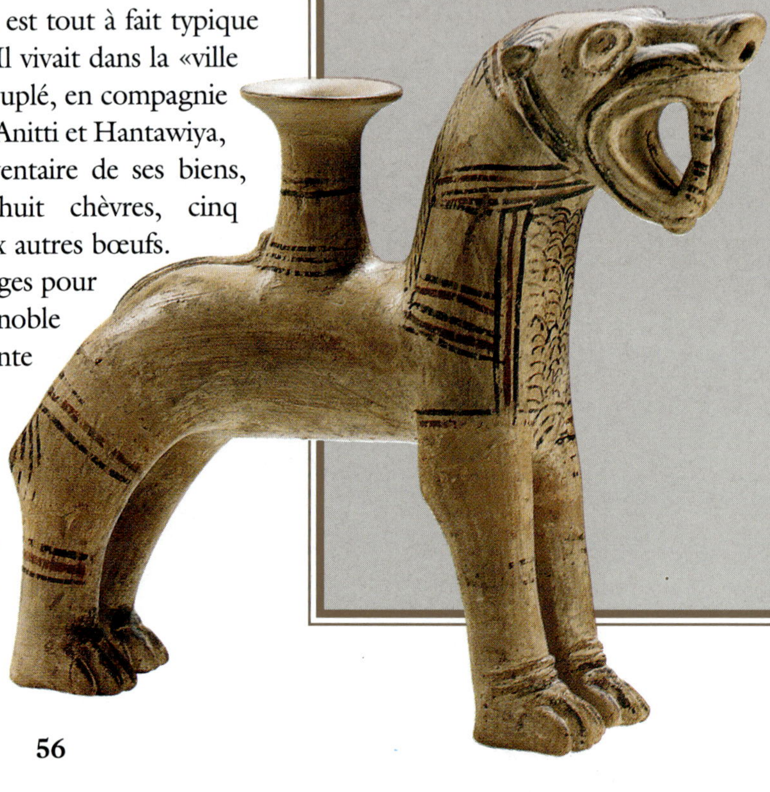

la marque du costume hittite.
Les Assyriens ont donné à l'Anatolie un bien d'une valeur inestimable: l'écriture. À Kanesh, centre du réseau et plus important des comptoirs, les fouilles ont livré des milliers de tablettes en terre revêtues d'inscriptions cunéiformes, parmi lesquelles figuraient non seulement des comptes rendus de transactions commerciales mais aussi des lettres écrites par des Hattiens, où les chercheurs ont trouvé une mine de renseignements sur la religion et la vie des habitants.
Les documents mentionnaient également un autre comptoir très important. Détruit comme Kanesh, il n'en allait pas moins renaître de ses cendres sous le nom de Hattousas, capitale des Hittites.

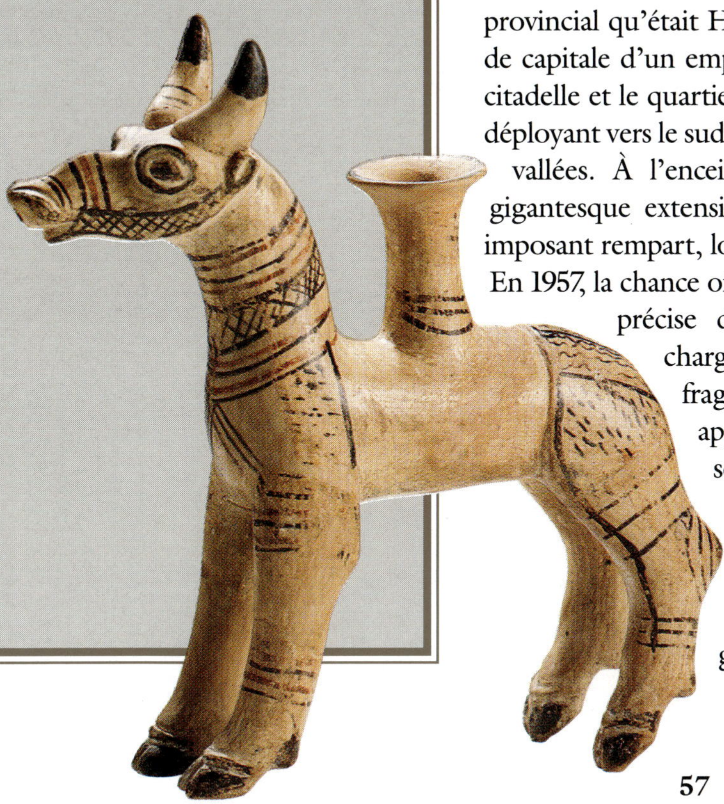

Orient. Façonné en anneaux et en barres, l'argent se mesurait en sicles, une unité de poids empruntée aux Babyloniens. Pour chaque arpent de vigne portant des raisins, il devait verser dix sicles, et trois sicles pour chaque arpent sans fruit. Si, pour se procurer un complément de revenu, Tiwatapara décidait de louer ses bœufs, le tarif maximal autorisé par la loi était d'un sicle par animal et par mois, une somme qui ne l'aurait pas mené bien loin si l'on se fie au barème officiel des prix publiés dans le code: acheter un fromage pour son dîner lui aurait coûté un sicle et une «belle chemise» pour porter à table trois de plus. Au pays de Hatti, la vie n'était ni facile ni bon marché.

Bien sûr, tout le monde ne vivait pas de la terre. Les annales, et notamment une pétition dans laquelle les membres des corporations protestaient contre leur enrôlement provisoire au titre des travaux publics, ont permis aux savants de dresser une liste des métiers pratiqués par les Hittites : maçon, marchand, médecin, scribe, vannier, cordonnier, tisserand, potier, prêtre, etc. Tout autant que les paysans, les hommes qui exerçaient ces activités artisanales et d'autres étaient soumis aux volontés du roi, lequel pouvait, par exemple, les réquisitionner pour effectuer, aux côtés des prisonniers de guerre, les durs travaux nécessités par la construction de l'empire.

Ce sont sans doute ces couches de la population hittite qui ont fourni la main-d'œuvre nécessaire à la rénovation de Hattousas entreprise au cours du XIVe siècle av. J.-C., peut-être pour réparer les dégâts consécutifs à une attaque des Gasgas, une féroce tribu nomade dont le territoire bordait la frontière nord du royaume. Il fallut au moins un siècle pour que le bourg provincial qu'était Hattousas se transforme en une ville digne de son statut de capitale d'un empire. La vieille bourgade de soixante-cinq hectares – la citadelle et le quartier résidentiel attenant – fit plus que doubler de taille, se déployant vers le sud en escaladant les coteaux qui surplombaient deux larges vallées. À l'enceinte existante, les ingénieurs hittites ajoutèrent une gigantesque extension de façon à encercler la capitale tentaculaire d'un imposant rempart, long de six kilomètres et demi.

En 1957, la chance offrit aux archéologues l'occasion de se forger une image précise de l'ancienne splendeur des fortifications. L'équipe chargée des fouilles à l'ouest de la citadelle exhuma les fragments d'une grosse jarre en céramique datant approximativement du XIVe siècle avant notre ère. Au sommet de cette jarre en forme de tour flanquée de parapets à créneaux arrondis, s'ouvraient d'étroites fenêtres qui reproduisaient sans doute celles par lesquelles les archers hittites surveillaient les alentours. La muraille extérieure comportait au moins sept grandes portes dont les voûtes élancées soutenues par des tours de garde débouchaient sur d'énormes panneaux de bois couvert de bronze qui donnaient accès à des salles bien défendues. Une directive émanant de Arnouwanda – les spécialistes ne sont pas en mesure de dire avec certitude lequel des trois souverains hittites qui ont porté ce nom est à l'origine de ce document – nous apprend que l'ouverture et la fermeture de ces portes colossales faisaient l'objet d'un protocole très élaboré. Le texte en question était adressé à un hazannou, l'un des fonctionnaires chargés de la sécurité de Hattousas. «Toi, hazannou, peut-on y lire, sois très attentif dans tout ce qui concerne la défense de la ville... quand les pênes en cuivre glisseront dans leurs gâches, le matin venu... quand tu auras envoyé ton fils ou ton serviteur ouvrir les portes, quand le dispositif de fermeture de la porte commencera à tourner, alors un homme de Hatti ou un officier commandant, ou quiconque se trouvera à ce moment-là de service, devra examiner le bon état du dispositif de fermeture et ouvrir la porte en conséquence.»

Les mêmes mesures de sécurité étaient en vigueur aux portes de la citadelle, elle-même ceinte de prodigieuses fortifications. Les fouilles effectuées par Bittel et Neve ont montré que la poussée d'expansion urbaine amorcée au XIVe siècle av. J.-C. avait aussi laissé son empreinte dans la citadelle: les modestes édifices des temps anciens avaient peu à peu laissé place à des palais monumentaux raccordés par d'étroits passages couverts et donnant sur trois vastes cours – dont l'une, au moins, était bordée d'une colonnade – et une zone réservée au culte, avec un grand bassin en pierre, avait été construite à l'extrémité sud de la citadelle.

En 1986, quand cette tablette en bronze a été exhumée à Bogazköy, elle portait encore les chaînes avec lesquelles elle avait été accrochée à la porte des Sphinx, près du rempart sud de la ville. L'inscription qu'elle porte est un traité d'alliance entre Toudhaliya IV, fils de Hattousili III, et son cousin Kourounta, roi du pays de Tarhountassa en Anatolie du Sud, qui voulait lui ravir sa place à la tête de l'empire. Toudhaliya avertit son rival: «Si tu as des prétentions sur le trône, puisses-tu périr de la main des dieux, toi et tes fils.» On n'a pas retrouvé les cachets de terre cuite à l'effigie du dieu de l'Orage et de la déesse du Soleil qui ont dû être apposés sur les chaînes pour authentifier le document, ce qui pourrait signifier que quelqu'un les a arrachés avant d'enterrer la tablette, annulant ainsi le traité entre les deux souverains.

Kurt Bittel et les membres de son équipe ont établi que les appartements privés du roi occupaient, à l'angle nord de la citadelle, une hauteur qui offrait une position stratégique privilégiée et un point de vue superbe sur le paysage montagneux qui se déployait dans trois directions. Si les fouilles n'ont pas livré grand-chose, la découverte d'instructions destinées au personnel du palais a permis aux chercheurs de se faire une petite idée de ce à quoi ressemblait la résidence royale. Ces textes rappellent aux serviteurs qu'ils doivent écarter chaque matin les tentures des appartements du roi et de la reine, où l'on apprend que se trouvaient un trône, une table d'offrande ainsi qu'un foyer. Il est également fait mention d'une laiterie, d'un garde-manger, d'une cuisine et de toilettes.

Au sud-ouest de la résidence royale et juste à côté, l'équipe de Bittel a exhumé les restes d'un bâtiment qui devait avoir au moins deux niveaux. Sa taille imposante et sa conception grandiose – les traces des murs cloisonnant le rez-de-chaussée suggèrent qu'il supportait jadis un étage décoré de vingt-cinq piliers en bois – ont conduit l'architecte allemand Rudolf Naumann à supposer que l'édifice abritait une salle réservée aux audiences royales. Un couloir la raccordait aux archives du bâtiment principal, où Bittel

a découvert des milliers de tablettes en terre cuite tombées des rayonnages disparus d'un vaste ensemble d'étagères en bois. Parmi les débris gisaient des plaquettes en terre de forme rectangulaire ou ovale et longues de sept à huit centimètres. Il s'agissait apparemment d'étiquettes indiquant aux scribes et aux chercheurs hittites le contenu des diverses étagères. «Tablette concernant les exploits de Moursili», dit l'une d'entre elles.

Mais c'est la religion qui constituait le sujet de l'immense majorité des tablettes, ce qui, ajouté au grand nombre de temples dont s'ornait la capitale, confirme l'attrait que la métaphysique exerçait sur la population hittite. Jusqu'ici, les fouilles de Hattousas ont livré les vestiges de trente et un lieux de culte, allant du simple affleurement rocheux au bâtiment à l'architecture élaborée, et Peter Neve estime qu'il y en avait probablement beaucoup plus, notamment sur la hauteur qui se dressait à l'extrémité sud de la ville *(carte, page 53)*. Lors des cérémonies, l'accès au quartier des sanctuaires se faisait par trois grandes portes disposées de façon symétrique auxquelles les archéologues ont donné le nom des images dont les sculpteurs hittites les ont décorées: à l'est un personnage représentant une divinité ou un roi, à l'ouest des lions et au sud, sur le terrain le plus élevé de la ville, des sphinx.

La position des sculptures sur chacune des portes – le roi face à l'intérieur, les lions face à l'extérieur et les sphinx dans les deux directions – a suggéré à Neve l'idée que les trois portes servaient peut-être à jalonner une sorte de procession sacrée, dont le parcours, dit-il, se serait fait d'est en ouest. Partis de la ville haute, les participants auraient franchi la porte royale et suivi le mur d'enceinte jusqu'à la porte des Sphinx, par où ils auraient à nouveau pénétré dans le quartier des temples, avant de ressortir en file indienne en empruntant un souterrain long et étroit creusé sous la porte, pour marcher jusqu'à la porte des Lions et effectuer leur entrée définitive dans la ville haute. On en est réduit aux conjectures quant à la fonction exacte de cette procession, mais les archéologues ont retrouvé des fragments de tablette en terre cuite qui offrent peut-être un indice. On peut y lire des instructions concernant une cérémonie au cours de laquelle l'effigie d'un dieu hittite est sortie de son temple, placée sur un char orné de rubans et accompagnée par des danseurs porteurs de torches et des prostituées sacrées, et emportée jusqu'à un sanctuaire particulier construit dans les bois.

La période d'expansion urbaine amorcée au XIVe siècle av. J.-C. a donné lieu à l'érection de nombreux sanctuaires: plus de vingt dans la ville haute et un grand temple au centre de la vieille ville. Celui-ci, que les spécialistes appellent tantôt le Temple I tantôt le Grand Temple, est le plus vaste et le mieux préservé de tous. Cet ensemble comprenant plusieurs bâtiments couvrait une surface de plus de deux hectares, divisée par une allée cérémonielle qui partait d'une entrée principale située au sud et se dirigeait vers le nord-ouest. Du côté est de la rue, des blocs de fondation en pierre calcaire marquaient l'emplacement du temple proprement dit, un édifice rectangulaire construit autour d'une cour à ciel ouvert. Une enfilade de réserves étroites entourait le sanctuaire sur ses quatre faces. Des édifices similaires disposés du côté ouest de la rue semblent avoir formé un centre administratif où des scribes s'occupaient jadis à inventorier les trésors du temple et où vivaient en outre plus de deux cents employés, parmi lesquels on recensait des prêtres, des musiciens et des chanteurs.

C'est sur une tablette découverte en 1962 dans l'une des réserves situées à l'est du temple que les archéologues ont trouvé le seul indice qui leur soit parvenu jusqu'ici quant à l'identité des dieux vénérés sur ce site. Elle donne un exposé détaillé sur la fabrication d'une statue en argent plaqué or façonnée à l'effigie d'un taureau et dédiée au dieu de l'Orage du Ciel et à la déesse du Soleil Arinna, les divinités suprêmes de l'État hittite et les plus étroitement associées à ses succès militaires. C'est vers elles que le roi se tournait en temps de guerre ou en situation d'urgence. D'après les instructions conservées dans les archives royales, les prêtres du temple rendaient un hommage quotidien à la statue dorée des divinités, et satisfaisaient à ses besoins, comme s'il s'agissait d'un être vivant fait de chair et de sang, en lui offrant des fruits, du vin, de l'huile d'olive, du blé, du pain et, en certaines occasions, un agneau d'un an. Manquer à ces dévotions aurait mis en péril la bonne fortune de l'Empire hittite tout entier.

L'érection du Grand Temple, tout comme les énormes travaux de rénovation de la capitale elle-même, a coïncidé avec une période de conquêtes sans équivalent dans l'histoire de Hatti. En 1343, le roi Souppilouliouma Ier montait sur le trône et inaugurait un règne qui, en vingt brèves années, ferait du royaume de Hatti un empire. Cette transformation allait s'accompagner, comme dans les anciens récits de la Bible, du fracas de mille chars tirés par des chevaux. Et les chroniques compilées par le fils de

Cette paire de rhytons de terre cuite en forme de taureau date du XIVe siècle av. J.-C. Chacun de ces vases à libation mesure 87 centimètres de hauteur. On les remplissait par une ouverture située à la base de leur cou et on les vidait par des orifices situés à hauteur des naseaux. Lors des fouilles de 1963 dans la citadelle d'Hattousas on a mis au jour les effigies brisées des deux bovidés dans un foyer circulaire découvert dans un sanctuaire abandonné. Ils représentent les taureaux sacrés Serris et Hurris, symboles du jour et de la nuit, qui sont censés tirer le char du dieu de l'Orage et que l'on priait pour qu'ils intercèdent auprès de leur maître. Les statuettes ont été ensevelies rituellement une fois hors d'usage.

Souppilouliouma rendent compte du moindre mouvement – couronné ou non de succès – de cette prodigieuse cavalerie.

Exactement comme avant lui un siècle plus tôt le législateur Telepinou, Souppilouliouma prenait en main le destin d'un royaume dont la ruine était imminente. La menace, en l'occurrence, ne venait pas de l'intérieur, mais des pressions des ennemis extérieurs qui, de toutes parts se refermait comme un étau sur le royaume. Après avoir commencé par renforcer les défenses d'Hattousas – c'est sur son ordre que fut accomplie l'extraordinaire extension du mur d'enceinte de la ville – le roi consacra toute son énergie à soumettre le plus dangereux des adversaires de Hatti: le puissant royaume de Mittani, situé à moins de cinq cents kilomètres au sud-est, en Syrie du Nord. Malgré l'échec d'une première campagne, menée en 1342 av. J.-C., le roi regroupa ses forces et lança une nouvelle offensive qui se solda, six ans plus tard, par une éclatante victoire.

En 1334 av. J.-C., Souppilouliouma prend la décision de faire retraverser l'Euphrate à ses troupes endurcies par les combats et se lance à leur tête dans une série de conquêtes éclair qui soumet à Hatti sept États syriens. Seules une poignée de villes s'interposent encore entre le monarque et son rêve d'hégémonie sur les territoires qui s'étendent au sud-est d'Hattousas. Parmi elles figure Karkémish, la cité-État anatolienne qui contrôle un gué de l'Euphrate par où passe une grande route commerciale. Expertes dans la guerre de siège, les troupes de Souppilouliouma établissent leur campement à l'extérieur de l'ancien entrepôt et, soutenues par un train des équipages constitué d'ânes de charge et de chars à bœufs, l'assiègent pendant sept jours. Le huitième jour donne lieu à une «terrible bataille» à l'issue de laquelle Karkémish tombe.

Il se produisit au cours de cette incursion un incident révélateur de la réputation dont le souverain jouissait à l'époque auprès des cours du Proche-Orient. C'est Winckler qui, en 1906 a été le premier à prendre connaissance de cette anecdote couchée par écrit dans les annales hittites. Elle raconte la rencontre entre Souppilouliouma, qui se reposait alors dans sa tente sous les murs de Karkémish, et un émissaire égyptien. À la grande surprise du roi, la lettre que portait l'homme émanait non pas d'un pharaon mais d'une reine. «Mon époux est décédé, disait le message, et je n'ai pas de fils. Mais on dit de vous que vous en avez de nombreux. Si vous m'envoyiez l'un d'entre eux, il pourrait m'épouser et devenir roi du pays d'Égypte.»

Soupçonneux mais tout à fait conscient des avantages stratégiques qu'il retirerait en plaçant sa descendance sur le trône d'Égypte, Souppilouliouma envoya son secrétaire privé «vérifier quelle part de vérité contenait l'affaire soulevée par cette femme». Pendant longtemps, les spécialistes ont été enclins à penser que la reine en question était la veuve de Toutankhamon,

Ces figurines en or devaient servir d'offrandes votives ou de pendentifs. L'effigie coiffée de la haute tiare à cornes et munie d'un bâton recourbé représente un dieu, mais on ne sait lequel. La divinité assise avec un enfant dans les bras date du XVe-XIIIe siècle av. J.-C. À en juger par sa coiffure en forme de disque, il s'agirait d'Arinna, déesse du Soleil et épouse du dieu de l'Orage. Un jour qu'elle avait des inquiétudes au sujet de la santé de son mari Hattousili III, la reine Poudouhepa adressa des prières à Arinna pour qu'elle assure «des jours et des années de longue vie» à son époux.

mais certains soutiennent aujourd'hui qu'il s'agissait peut-être de Meritaton, fille d'Akhenaton et de Néfertiti et épouse de Smonkharé, le successeur immédiat d'Akhenaton. Après avoir reçu une autre lettre où la reine exprimait l'impatience et l'indignation que lui inspiraient ses atermoiements, le souverain hittite finit par envoyer un prince. Mais il avait trop attendu: entre-temps, une autre dynastie s'était emparée du trône égyptien, et le jeune prétendant, peut-être assassiné, disparut avant d'atteindre sa destination.

La fortune, semble-t-il, avait abandonné Souppilouliouma car, en 1322 av. J.-C., il mourut à son tour, victime de la peste rapportée du nord de la Syrie par ses armées. Il n'en laissait pas moins à ses fils, Arnouwanda II et son successeur Moursili II, un royaume de près de quelque sept cent cinquante mille kilomètres carrés de superficie, bordé par la mer Égée et par la mer Méditerranée, englobant l'ouest de l'Anatolie et s'étendant au sud jusqu'aux montagnes du Liban et à l'est jusqu'au nord de l'Irak.

Passé maître dans l'art de la politique et celui de la guerre, Moursili n'en était pas moins un homme profondément perturbé. Affligé d'un sévère défaut d'élocution après avoir été frappé par la foudre pendant sa jeunesse, il se croyait maudit par le dieu du Temps. Pire encore, la peste qui avait tué son père se propageait à travers tout le royaume. Dévoré par l'anxiété, il consulta les oracles pour connaître la cause de sa mauvaise fortune. Le roi payait pour un péché commis par son défunt père, lui fut-il répondu. Faute d'expier par un sacrifice sincère, il provoquerait non seulement sa propre ruine mais celle du royaume de Hatti tout entier. L'avertissement semble avoir fortement impressionné Moursili, à tel point qu'il ne manqua plus une occasion de payer tribut aux dieux. Les annales racontent même qu'il revint à Hattousas d'une lointaine campagne militaire simplement pour célébrer le *pouroulli,* festival de printemps consacré au dieu de l'Orage.

À sa mort, survenue en 1296 av. J.-C., Moursili laissait à son fils, Mouwatalli II, un empire dont les possessions pouvaient rivaliser avec celles de l'Égypte. En fait, les confins des deux empires se touchaient au sud de la cité-État syrienne de Kadesh, située au bord de l'Oronte dans une région qui, à l'époque glorieuse de la XVIIIe dynastie, avait payé tribut aux pharaons. Mais lorsque l'ambitieux Ramsès II, troisième souverain de la XIXe dynastie, monta sur le trône d'Égypte, il s'engagea à chasser les Hittites et à rétablir l'hégémonie égyptienne sur le littoral oriental de la Méditerranée.

Au cours de la cinquième année de son règne, le pharaon lance son offensive contre les territoires tombés aux mains des Hittites. La réaction de Mouwatalli est immédiate et massive. Les annales égyptiennes rapporte que le roi hittite «rassembla tous les pays depuis les extrémités de la mer jusqu'aux terres de Hatti» et marcha vers le sud à la tête d'une armée composée de quarante mille hommes pour se porter à la rencontre de son adversaire. L'affrontement entre deux des plus puissantes armées de toute l'Antiquité allait prendre des proportions historiques.

La bataille, qui se déroula dans la plaine de Kadesh en 1275 av. J.-C., ne donna une victoire décisive à aucune des deux armées, et chacune se replia sur son territoire en prétendant avoir eu le dessus. Il s'ensuivit des années de guerre froide, pendant lesquelles les dissensions internes ravagèrent à nouveau l'Empire hittite. À la mort de Mouwatalli, en 1273 av. J.-C., Hattousas connut son premier coup d'État depuis l'époque de Telepinou. Hattousili III, frère du souverain défunt, usurpa le trône, qui revenait à son neveu, fils d'une concubine royale, et exila l'enfant, geste que le monarque, pris de remords, allait par la suite justifier par une argumentation sophistiquée, dont les annales ont conservé la trace.

Mais Hattousili allait rester dans l'histoire non pas pour ses méfaits mais pour son habileté d'homme d'État. En 1259 av. J.-C., seize ans après la fameuse bataille de Kadesh, il conclut avec Ramsès II d'Égypte l'extraordinaire traité de paix dans lequel chacune des deux parties s'engageait à ne pas attaquer l'autre, à venir à sa rescousse en cas d'attaque par une tierce puissance, et à envoyer des troupes en cas de soulèvement intérieur. Les deux monarques avaient également décidé de respecter le tracé de leurs frontières et leur sphère d'influence respective. Ils acceptaient d'extrader les fugitifs de leur territoire, sous réserve que ces derniers ne fussent pas châtiés pour leur désertion. Cet accord était un exploit diplomatique et il n'aurait pu être obtenu sans de très longues négociations entre divers membres des deux familles régnantes. Les archéologues ont trouvé à Bogazköy pas moins de quarante-cinq lettres liées au traité, la plus fameuse restant la tablette de terre exhumée par Winckler en 1906. En homme d'État chevronné qu'il était, Hattousili cimenta cette fragile alliance en 1246 av. J.-C. en donnant la main de sa fille aînée à Ramsès, qui célébra l'événement par une sculpture sur la façade sud du temple d'Abou Simbel. Malgré les ravages du temps, on y distingue encore deux personnages vêtus de splendides atours – Hattousili et la princesse, sa fille – marchant, les mains levées en un geste de salutation plein de respect, vers le pharaon assis sur son trône.

L'alliance nouée avec les Égyptiens s'est maintenue pendant plus d'un demi siècle et la sophistication croissante de la conception hittite de la royauté lui doit beaucoup. Sur les sceaux royaux de cette époque, des épithètes de plus en plus grandiloquents se substituent aux simples appellations des jours anciens. Ainsi le roi de Hatti, jadis «Grand Roi», est désormais appelé «Mon Soleil» et représenté avec tous les attributs semi-divins que ce titre suggère. Certains archéologues pensent que cette tendance a atteint son point culminant sous le règne de Toudhaliya IV – le fils de Hattousili III – avec la déification du souverain hittite de son vivant. C'est la décoration du sanctuaire de Yazilikaya, l'affleurement rocheux gravé d'inscriptions qui se trouve au sud-est de Bogazköy et que Texier a été le premier à explorer dans les années 1830, qui a alimenté cette hypothèse *(pages 65-67)*. Dans la chambre principale du temple, face à une majestueuse

YAZILIKAYA: UN SANCTUAIRE À CIEL OUVERT CACHÉ DANS LES ROCHERS

À deux kilomètres environ de la capitale hittite de Hattousas, les archéologues ont découvert un sanctuaire extraordinaire, qui a pour nom Yazilikaya, c'est-à-dire «le rocher gravé». Ce haut lieu de la religion a été aménagé dans un défilé situé entre de gigantesques affleurements rocheux.

Le sanctuaire de Yazilikaya ne devait pas faire plus d'un étage, comme on le voit sur le dessin de droite. À en juger par les vestiges retrouvés, il a dû être construit sur des décombres avec des matériaux légers, ce qui pourrait signifier qu'il ne servait qu'en des occasions très particulières. Les spécialistes pensent que le souverain et son épouse, qui exerçaient les fonctions de grand-prêtre et de grande-prêtresse, venaient y célébrer les fêtes du printemps et de l'automne.

Les reliefs qui ornent les parois de la grande galerie du sanctuaire retracent peut-être les rituels qui s'y déroulaient chaque année. On y voit deux cortèges de soixante-six divinités mâles et femelles – les dieux à gauche et les déesses à droite – marchant l'un vers l'autre, et conduits par les grands dieux identifiables grâce aux hiéroglyphes de leur nom. Cette réunion céleste évoque la croyance qui voulait que la fertilité du sol et la fécondité des troupeaux dépendent de la réunion que tenaient les divinités au début de la nouvelle année dans la demeure du dieu de l'Orage. Dans un autre couloir, un relief montre Toudhaliya IV, grand-prêtre, seul.

La petite galerie de Yazilikaya contient des reliefs représentant d'autres sortes de dieux, ainsi que des niches qui, d'après les chercheurs, pourraient avoir contenu les cendres de souverains défunts. Son entrée est protégée par deux démons ailés à tête de lion.

La construction de Yazilikaya date du milieu du IIIe siècle av. J.-C. lorsque régnaient Hattousili III puis Toudhaliya IV. Bien que les divinités figurées soient hittites, les hiéroglyphes qui les entourent sont de type hourrite. Ceci s'explique par la «hourritisation» du panthéon hittite consécutive au mariage de Hattousili III avec Poudouhepa, une Hourrite. L'arrivée de la reine a entraîné une intégration des dieux hourrites dans la religion hitite.

Le dessin en bas reproduit la paroi occidentale de la grande galerie de Yazilikaya, qui est occupée par des dieux et une seule divinité féminine, la déesse de la Guerre Sausga (seconde à partir de la droite) *accompagnée de deux suivantes. La plupart de ces dieux ont été identifiés, mais pas les douze personnages en queue du cortège. La petite galerie est ornée, elle, d'un relief représentant douze dieux* (ci-contre à gauche) *dont on ne sait pas s'ils sont identiques à ceux de la grande galerie.*

Cette scène (à gauche) *de la paroi nord de la grande galerie montre la rencontre des deux processions divines; en tête, on distingue les deux figures principales du panthéon hittite, d'une part Teshoup, le dieu de l'Orage, porté par deux dieux-montagnes et de l'autre, lui faisant face, la déesse Arinna, son épouse, montée sur une panthère. Derrière elle vient leur fils Sarrouma. À l'extrême doite, juste au-dessus de la figure emblématique de l'aigle à double tête, on aperçoit la fille et la petite-fille de la déesse du Soleil.*

Dans la petite galerie (à droite), *on voit le roi Toudhaliya IV et son dieu protecteur Sarrouma, le fils du dieu de l'Orage, qui a passé son bras autour du souverain. La niche, à côté, contenait peut-être les cendres du roi. Le relief à gauche représenterait le «dieu-épée», qui a l'aspect d'une lame dotée d'une tête d'homme en guise de pommeau et d'une garde constituée par le corps de deux lions. D'après un texte hittite, les prêtres avaient le pouvoir de faire renaître les divinités du monde souterrain sous la forme d'épées fixées solidement dans le sol. Ces reliefs et les douze dieux armés tendent à prouver que Yazilikaya était un «sanctuaire des morts», comme l'a dit l'Allemand Kurt Bittel.*

Ce fragment de tablette de terre cuite contient une partie du traité de paix de Kadesh, conclu au milieu du XIIIe siècle av. J.-C. entre les Hittites et les Égyptiens. D'après l'inscription, le texte aurait été gravé sur des stèles en argent dont on n'a retrouvé à ce jour aucun exemplaire en Turquie. Les Égyptiens ont, eux, reproduit l'intégralité du traité sur les murs du temple de Karnak ainsi que sur ceux du temple funéraire de Ramsès II, à Thèbes. Les historiens connaissaient donc l'existence de ce document avant la découverte de la copie à Hattousas.

procession de divinités hittites, se dresse un bas-relief de trois mètres de hauteur représentant le roi Toudhaliya IV. Un disque solaire flotte au-dessus de la main droite levée du souverain. Paré d'une robe somptueuse, celui-ci se tient debout, jambes écartées, chacun de ses pieds reposant sur une montagne, ce qui, selon les spécialistes, symboliserait son accession au statut divin.

La déification des monarques – en admettant que cette coutume venue d'ailleurs a bien existé chez les Hittites – n'allait guère avoir de temps pour s'enraciner dans la culture populaire, puisque la destinée allait faire de Souppilouliouma II, fils de Toudhaliya, le dernier des grand rois de ce peuple. Aux environs de l'an 1200 avant notre ère, les scribes de Hattousas sombrent dans le silence et tout le pays de Hatti s'enfonce dans une obscurité fatale dont il n'émergera pas. Les marques d'un cataclysme sont clairement imprimées sur les ruines de Bogazköy: partout gisent des débris calcinés et de grands morceaux de maçonnerie brisée, témoins de la furie des ennemis mystérieux et doués d'une force prodigieuse qui ont semé dans Hattousas la dévastation et le feu. La violence de l'incendie qu'ils ont allumé se lit encore dans les traces de flammes qui noircissent les parois intérieures des fortifications de la ville. Pas un seul bâtiment n'est resté debout.

Mais l'œuvre de destruction de ces envahisseurs ne s'est pas arrêtée à la capitale. Dans l'éparpillement de cités hittites identifiées à ce jour par les archéologues, les signes abondent qui suggèrent un traitement similaire. À Kusakli, un site éloigné de quelque deux cents kilomètres à l'est de Hattousas, l'archéologue allemand Andreas Muller-Karpe a découvert en 1993 un ensemble monumental dont les murs en brique de terre avaient été ravagés par le feu. Toutes les pièces du bâtiment, qui en comptait cinquante-quatre, étaient jonchées d'une incroyable quantité de poteries hittites, dont quelques-unes avaient fondu sous l'intense chaleur dégagée par l'incendie qui a dévasté l'édifice. Partout dans l'empire, la même histoire se répète: les villes hittites ont été réduites en ruine, et leurs habitants, du moins les survivants, ont dû chercher refuge dans les campagnes environnantes, dépouillés de leurs biens et de leur nationalité.

Un texte écrit vers 1180 avant notre ère par le pharaon Ramsès III et inscrit sur le mur septentrional extérieur de son temple funéraire à Médinet Habou, construit comme le Ramesseum sur la rive occidentale du Nil, face à Thèbes, nous apporte un indice quant à l'identité des auteurs de ces destructions. Le texte fait allusion à une invasion du Proche-Orient par des «Peuples de la mer». «Les pays étrangers ont comploté dans leurs patries insulaires, peut-on y lire, et aucune terre n'a pu résister à la force de leurs bras, à commencer par Hatti... Ils ont poursuivi leur route... jusqu'en Égypte.» Là, les armées de Ramsès III les mirent en déroute et les asservirent. En 1954, une autre trace de l'action offensive des Peuples de la mer a été découverte en Syrie par Claude Schaeffer. Alors qu'il effectuait des fouilles dans le palais du roi d'Ougarit (l'actuelle Ras Shamra), un État vassal de l'Empire hittite situé sur le littoral, l'archéologue français exhuma plusieurs tablettes dans un four où un potier les avait mises à cuire. Au fur et à mesure de sa lecture, il se rendit compte qu'il s'agissait de lettres écrites par le souverain lui-même en réponse à un monarque voisin qui l'avait averti que des envahisseurs approchaient par la mer: «Les navires de l'ennemi sont venus ici; mes villes ont été incendiées et mon pays a subi les pires choses. Ne sais-tu pas que toutes mes troupes et mes chars se trouvent en pays hittite, tous mes bateaux sur la terre de Lycie? Le pays est donc abandonné à lui- même, les navires de l'ennemi qui sont venus jusqu'ici nous ont infligé beaucoup de pertes.

Nombre d'historiens ont eu du mal à admettre que ces hordes de marins – où se mêlaient, pense-t-on, des Philistins, des Siciliens, des Sardes et d'autres groupes provenant du littoral de l'Asie Mineure – aient pu à elles seules démanteler et anéantir l'Empire hittite. Ils estiment que d'autres pillards, peut-être des Gasgas, implantés au nord de Hatti, ainsi que des dissidents hittites y ont grandement contribué. Et de fait, parmi les dernières chroniques qui ont trouvé place dans les archives de Hattousas, figure un texte attribué à Souppilouliouma II se plaignant de la dissension et de la rébellion qui sévissaient à l'intérieur

Pour renforcer l'alliance de son peuple avec les Égyptiens, Hattousili III offrit une de ses filles en mariage à Ramsès II, qui accueillit la jeune fille comme l'«épouse du Grand Roi et la maîtresse des deux pays». Un relief à Abou Simbel figure le père et la fille s'approchant du trône du pharaon. Mais aucun des textes hittites trouvés ne dit expressément qu'Hattousili a conduit sa fille en Égypte.

de l'empire: «Les habitants de Hatti ont péché contre Sa Majesté», se répandait en lamentations le scribe.

On a suggéré que ce mécontentement n'était pas de nature politique, mais qu'il provenait de la famine et de la malnutrition engendrées par une force face à laquelle tous les peuples du Proche-Orient étaient impuissants: le changement de climat. Et, effectivement, les historiens savent maintenant que, au cours des trois siècles qui ont suivi l'effondrement de l'Empire hittite, l'ensemble de la région a connu des conditions climatiques plus chaudes et plus sèches que celles qui avaient régné pendant les trois cents années précédentes. Aussi insignifiante qu'elle puisse sembler, cette modification peut en fait avoir eu des conséquences désastreuses, particulièrement pour des populations dont le sort était lié à l'élevage et à la culture de plantes dont l'alimentation en eau reposait autrefois sur les pluies saisonnières et sur la fonte des neiges. Et si, comme on peut le supposer, les autres peuples de la région ont partagé les mêmes épreuves et que, à l'instar de leurs voisins hittites, ils sont partis à la recherche de pâturages plus verts, cela ne peut qu'avoir aggravé la misère ambiante.

Tout au long de cette période d'aridité, l'histoire n'a gardé pour ainsi dire aucune trace de ce peuple orgueilleux qu'avaient jadis été les Hittites. Puis, aux environs de l'an 1000 avant notre ère, de minuscules royaumes apparaissent aux franges septentrionales de la Syrie. S'ils se servent des hiéroglyphes hittites, la langue qu'ils parlent n'est toujours pas apparentée. Ces néo-Hittites ne sont certes pas des bâtisseurs d'empire, mais ils ont trouvé la vie éternelle dans les pages de l'Ancien Testament et, beaucoup plus important, ils vont laisser derrière eux des indices qui, des siècles plus tard, mèneront à la redécouverte d'une très grande civilisation.

LE BASTION DES HITTITES

Pourtant prise depuis les ruines d'un temple haut perché sur un plateau du site de Hattousas *(ci-dessus)*, la vue des collines avoisinantes ne rend cependant pas bien compte de l'immensité de la cité impériale qui s'y dressait autrefois. Avec une superficie de près de cent soixante-dix hectares et une circonférence de plus de six kilomètres, la capitale des Hittites est difficile à embrasser du regard, et l'irrégularité du paysage fait qu'il est pratiquement impossible de la photographier dans son intégralité.

Les ruines qui apparaissent sur ce cliché se trouvent dans la ville haute, l'enceinte sacrée qui occupe l'extrémité sud de Hattousas. À l'arrière-plan, on distingue les vestiges de plusieurs autres temples de la ville haute. À droite et à un niveau nettement inférieur – mais invisibles ici en raison de la déclivité – s'étendent les ruines de la citadelle et du palais royal, édifiés à l'endroit le plus élevé de l'ancien site de Hattousas tel qu'il était avant la construction de la ville haute. Plus loin au nord-ouest gisent les vastes fondations du Grand Temple, sanctuaire dans lequel les Hittites célébraient certaines de leurs plus importantes cérémonies.

Ces vestiges, et d'autres encore, du passé impérial de Hattousas ont été mis au jour au fil des ans par les archéologues et les savants. Charles Texier découvrit le site en 1834 et Hugo Winckler y exhuma en 1906 les premières tablettes en caractères cunéiformes. L'année suivante, l'expédition organisée conjointement par la Société orientale allemande et l'Institut archéologique allemand et menée par Winckler et Otto Puchstein entreprit des fouilles de grande envergure. Mais il fallut attendre 1931, année où Kurt Bittel prit la direction des opérations, pour que ces travaux deviennent systématiques. Son disciple, Peter Neve, qui commença à travailler à ses côtés en 1954, prit le commandement du chantier en 1978. Il allait le garder jusqu'en 1994, moment où il prit sa retraite et renonça à toute activité sur le terrain. Entre-temps, Neve acheva les fouilles de la citadelle et du Grand Temple, puis il tourna son attention vers la ville haute, que personne n'avait explorée avant lui.

Les pages qui suivent présentent des images fugitives de la capitale et de son ancienne grandeur, que les archéologues sont en train de ressusciter petit à petit.

UN NID D'AIGLE IMPRENABLE

La configuration rocheuse et ravinée du site de Hattousas a été mise à contribution dans la construction de ses défenses. Les affleurements y ont été incorporés et coiffés de tours, reliées dans les parties plus basses par des remparts qui dressaient une barrière de pierre supposée infranchissable. La muraille principale était jalonnée de tours disposées tous les trente mètres, et les entrées étaient fermées par de lourdes portes en bois. Le rempart sud était doublé d'une muraille parallèle. Perchée sur une butte et adossée à un ravin, la citadelle, où vivait le roi, avait son propre mur d'enceinte. Un autre mur, érigé au centre de Hattousas, séparait la ville haute et la ville basse.

Les murailles, dont l'épaisseur atteignait huit mètres en certains endroits, procuraient certainement un sentiment de sécurité et de bien-être aux habitants. Mais aussi imprenables qu'elles aient paru, elles n'ont pas pu arrêter l'ennemi, et Hattousas est tombée aux environs de l'an 2000 av. J.-C. On a trouvé à la porte des Sphinx des traces de travaux d'aménagement en cours qui indiquent que cette fin était aussi inattendue qu'elle fut soudaine.

Bâti avec des déblais de terre extraits à l'emplacement de la ville, puis habillé de pierres, ce rempart entourait l'extrémité sud de la ville haute, plus vulnérable. Pour l'essentiel, le revêtement de pierre originel a été trouvé intact; seules quelques portions où le soubassement apparaissait réclamaient des travaux de restauration. Taillé à même le remblai, un souterrain de 72 mètres de longueur à la voûte en ogive passe directement sous le mur et débouche dans la ville au-dessus.

Haut de 2,50 mètres, ce sphinx en calcaire et un autre semblable ont été trouvés en morceaux à l'entrée intérieure d'une petite salle de la porte appelée à juste titre porte des Sphinx, dont la position – au centre du mur d'enceinte de la ville haute et au point le plus élevé de Hattousas – a donné à penser à certains chercheurs qu'il ne s'agissait pas d'une porte conventionnelle mais plutôt d'un sanctuaire destiné au passage des processions.

Trouvé à Hattousas en 1957, le fragment ci-dessus du col d'un vase en terre donne un caractère de véracité au dessin ci-dessous, effectué en 1907, figurant une portion des fortifications de la ville haute. Les créneaux disposés en haut des murs et des tours et les ouvertures verticales pratiquées sur la façade et les côtés des tours sont très commodes pour les sentinelles et les archers.

DES ACCÈS BIEN GARDÉS

On a mis au jour en 1907 les lions qui gardaient l'entrée de la porte des Lions. Seul l'avant-train des animaux, taillé à même la pierre, saille des énormes blocs qui servaient de montants, donnant l'illusion, peut-être voulue par le sculpteur, d'une posture assise ou debout. Mais plus remarquable sans doute est l'intégration des animaux dans l'ensemble de la structure, une prouesse que les Hittites pourraient être les premiers à avoir réalisée.

Le mur extérieur était percé d'au moins sept portes et celui de la ville haute de cinq. L'accès à la partie la plus récente de la ville se faisait principalement au sud-est par la porte du Roi *(à droite)*, dont les riches décorations sont bien préservées, au sud-ouest par la porte des Lions *(en bas, à gauche)* et entre les deux par la porte des Sphinx.

La muraille épaisse, avec ses deux contreforts, se prêtait idéalement à la configuration des portes: des corps de garde en forme de boîte, bâtis avec d'énormes blocs sculptés formant des voûtes cintrées, fermés à chaque extrémité par des panneaux en bois massif revêtus de plaques de bronze et surmontés de part et d'autre par des tours. On voit encore les cavités destinées à recevoir les verrous et les barres transversales.

Une tablette en terre provenant des archives du palais reproduit les instructions pour l'ouverture et la fermeture des portes. Elle fait référence à des pênes en cuivre, et à la façon dont tous les matins doivent être «tournés» ou brisés les «scellés», dispositif destiné à détecter toute entrée non autorisée après la fermeture des portes pour la nuit.

Exécuté avec un souci du détail, poils de la poitrine, petites peaux des ongles, le dieu de la porte du Roi, haut de 3 mètres, émerge en haut-relief.

Érigé en 1967, un moulage en plâtre de la statue originelle du dieu veille sur la porte du Roi. Après que des vandales eurent pratiquement détruit les pieds de cette copie, le niveau du sol a été surélevé de façon à prévenir tout autre dommage. *L'original, enlevé en 1912 par le conservateur turc Théodore Makridi, a été entreposé jusqu'à ce qu'on puisse être en mesure de l'exposer dans une salle du musée des Trésors anatoliens, qui a été ouvert en 1932 à Ankara.*

Vue de l'extérieur, la porte du Roi, croquée en 1907, représente une petite partie du savant appareillage des blocs assemblés sans mortier ainsi qu'une entrée à voûte en ogive. Conçu dans la perspective de la défense de la ville, l'ensemble comprenait des murs de pierre de part et d'autre d'une rampe longue et étroite qui contraignait les véhicules à roues, tels que les chars de guerre, à se présenter sur une seule file, d'autant plus qu'ils devaient effectuer un virage à angle aigu.

LE GRAND TEMPLE: UNE VILLE DANS LA VILLE

Au nord-ouest de la ville basse s'étend un vaste ensemble de bâtiments qui couvre deux hectares de terrain accidenté. Pendant des décennies, on ignorait quelle était sa fonction, mais des spécialistes pensaient qu'il s'agissait d'un palais. Aujourd'hui, on désigne en général sous le nom de Grand Temple ce sanctuaire qui hébergeait les divinités principales de Hattousas, le dieu de l'Orage et la déesse solaire. Ce nom lui a été attribué parce qu'on trouve, à l'intérieur comme à l'extérieur de Hattousas, des édifices plus petits qui sont construits sur le même modèle: porte, cour intérieure, salle à colonnades et cella. Une plate-forme qu'on prenait pour le soubassement d'un trône a entre-temps été identifiée comme le socle d'une statue, depuis longtemps disparue, qui représentait peut-être le dieu de l'Orage ou la déesse solaire.

Les autres bâtiments compris dans l'enceinte étaient destinés à satisfaire les exigences des dieux, et à l'hébergement des serviteurs de ces derniers. Situé sur une terrasse artificielle sillonnée de rues pavées, l'ensemble constituait une ville très bien organisée et autosuffisante.

Non seulement le Grand Temple pourvoyait aux besoins des dieux, mais il abritait également les archives et le trésor. Il comportait, dans la partie nord, des magasins où l'on a retrouvé des morceaux d'argile et des étiquettes calcinés portant l'empreinte de sceaux et percés d'orifices prévus à l'évidence pour le passage de liens destinés à les suspendre à des sacs, lesquels pouvaient parfaitement contenir les livraisons ainsi que les contributions faites au temple par des fonctionnaires et des princes du royaume. On a également découvert dans le sanctuaire les sceaux de deux rois du XIIIe siècle av. J.-C., Moutawalli et Hattousili III, ainsi que celui de l'épouse de ce dernier, la reine Poudouhepa.

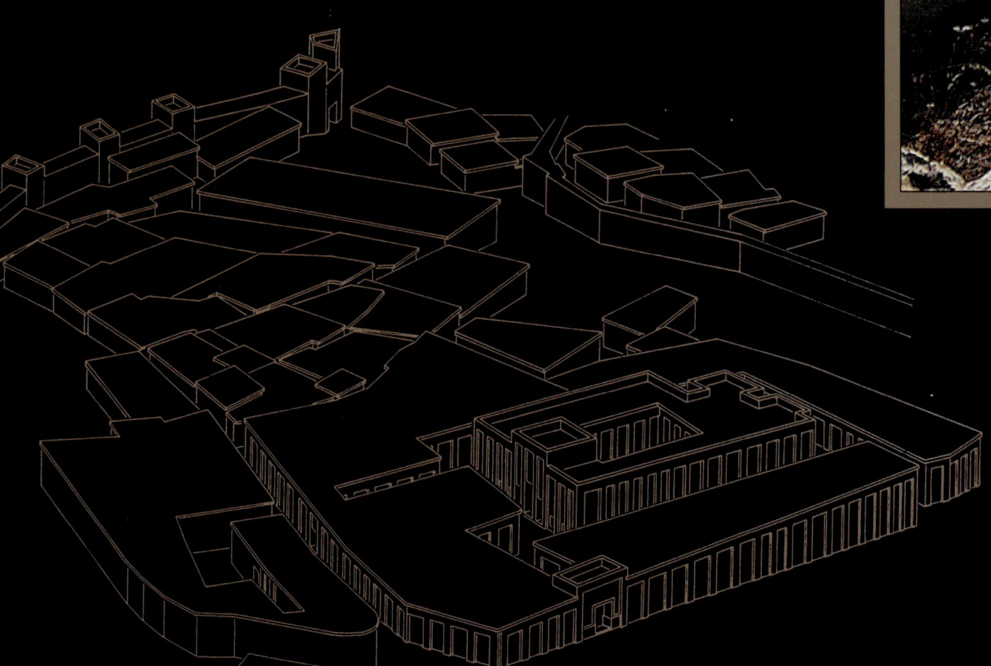

Sur ce dessin du Grand Temple fait en 1975, un ensemble de bâtiments irréguliers sont séparés par des rues. L'édifice à peu près carré à l'avant, à gauche, était le sanctuaire. Des jarres, contenant les tributs pour les dieux, étaient stockées dans les salles attenantes. La bâtisse en longueur à gauche abritait cuisines et ateliers.

D'immense jarres se dressent à l'emplacement qu'elles occupaient lorsque le Grand Temple s'est effondré. On suppose qu'elles contenaient du vin, de l'huile et des céréales – tribut annuel destiné au dieu de l'Orage et à la déesse solaire. Parmi ces vases, beaucoup étaient trop volumineux – le plus grand contenait 3 000 litres – pour passer les portes, l'édifice a donc été construit autour d'eux.

Une triade de divinités en ivoire a été trouvée en 1984 dans un temple de la ville haute. La figure centrale, qui porte un masque de taureau, représente le dieu de l'Orage. On n'a pas identifié les deux autres, mais elles affichent divers emblèmes de la divinité: le chapeau conique et le kalmouch, ou bâton incurvé.

T R O I S

AU PAYS DU ROI MIDAS

Cette statuette en ivoire haute de 16,50 centimètres a deux mille sept cents ans d'âge; il se peut qu'elle représente Cybèle, la déesse mère des Phrygiens, avec ses deux enfants. La grande coiffe cylindrique et le voile replié dans la ceinture sont ses atours traditionnels.

Vus de loin, on dirait des collines en pain de sucre – plus de quatre-vingts. En les découvrant, l'observateur non averti s'étonnera de les voir se dresser de façon si insolite au milieu d'un paysage sans relief. En l'occurrence, ce ne sont pas des productions de la nature mais des créations de l'homme – des tumulus érigés il y a deux mille cinq cents ans par des cohortes d'ouvriers pour abriter les dépouilles de nobles personnages. Et ils sont extraordinaires. Le plus haut culmine à près de soixante-douze mètres et sa base forme un cercle de trois cents mètres de diamètre. À l'intérieur se cache l'une des tombes les plus riches qu'on ait jamais trouvées sur la surface de la terre.

Les tumulus se dressent à quatre-vingt-dix kilomètres d'Ankara sur la plaine alluviale qui s'étend à l'est du Sakarya, fleuve qui traverse le plateau central anatolien. Entre eux et le fleuve se trouve un autre point de repère, connu sous le nom de Yassihüyük, ou «mont plat». Produit du temps – cycle pluricentenaire de constructions et de destructions –, ce monticule contient des vestiges qui vont de l'âge du bronze ancien jusqu'aux époques galate et romaine. Mais la raison principale de l'attrait exercé par la région sur les archéologues réside dans le fait que Yassihüyük abrite les restes de Gordion, l'ancienne capitale du royaume de Phrygie, et que de nombreux spécialistes pensent que le tumulus de cinquante-deux mètres de hauteur qui s'élève à proximité est l'ultime demeure du roi Midas. Dernier et plus célèbre des souverains phrygiens, Midas n'est autre que le héros légendaire auquel les dieux avaient donné le pouvoir de changer en or tout ce qu'il touchait.

Parmi les chercheurs qui ont exploré la région figure l'archéologue américain Rodney S. Young, de l'université de Pennsylvanie. Au cours de l'automne 1955, après avoir fouillé pendant plus de cinq ans quatorze des petits tertres, il s'apprêtait à se lancer dans des travaux qui allaient apporter de grands éclaircissements sur l'occupant du plus grand d'entre eux.

L'expérience avait appris à Young que chaque tumulus ne contenait qu'une tombe – une chambre dont les quatre parois étaient en bois – et qu'il était constitué de trois couches superposées: des matériaux de remblayage, souvent des cailloux, empilés autour et au sommet de la tombe; enveloppant ce remblai, un fin revêtement d'argile, probablement destiné à le maintenir en place; et par-dessus le tout, une épaisse couverture de terre bien tassée. Young savait également que les tombes se trouvaient rarement au milieu des tumulus, et il soupçonnait que cette disposition était intentionnelle et visait à mettre les sépultures à l'abri des voleurs, mais le travail d'érosion des vents de suroît pouvait aussi avoir déformé les monticules, surtout les plus grands. Toujours est-il que l'archéologue en était venu à la conclusion qu'il aurait été dangereux pour le site de creuser verticalement à partir du sommet ou de forer une galerie à l'aveuglette en partant d'un côté. «Il s'agit du plus grand tumulus de toute l'Asie Mineure, a-t-il écrit, un monument en soi, qu'il faut se garder de détruire ou de mutiler gratuitement.»

C'est pourquoi Young s'efforça d'abord de localiser le remblai qu'il

Des ouvriers effectuent des sondages à l'aide d'un derrick en vue de localiser la tombe qui se trouve à l'intérieur du tumulus connu sous le nom de mont de Midas. Les dimensions de ce tertre, qui mesure quelque 300 mètres de diamètre sur près de 52 de hauteur, en font le plus grand de tous les tumulus du site de Gordion, lequel en compte au total plus de quatre-vingts. L'emplacement de la chambre funéraire a été identifié quand les sondes ont rencontré le remblai de pierre qui l'entourait et la protégeait.

Debout à l'entrée de la tranchée qui mène à la tombe de Midas, l'archéologue américain Rodney S. Young, directeur des fouilles (à droite), *et Burhan Tezcan, du Service turc des antiquités, tiennent des coupes en bronze provenant de la chambre funéraire. Les rails qui passent à leurs pieds ont été posés sur la longueur de la tranchée et de la galerie qui la prolonge afin de pouvoir utiliser des wagonnets pour évacuer les gravats accumulés à l'intérieur du tumulus. Derrière les deux hommes, un ouvrier est accroupi près d'un chaudron en bronze.*

s'attendait à trouver tout autour de la tombe. À partir d'un point situé juste au-dessus de la bordure sud-ouest du tumulus, il progressa méthodiquement vers le haut en enfonçant des sondes à l'aide d'un petit derrick destiné au forage des puits de pétrole. À mesure que les pièces, refroidies à l'eau, pénétraient dans le sol, il surveillait de près les matériaux qu'elles ramenaient et restait attentif à toute résistance qu'elles rencontraient. Au pire, cette technique lui permettait d'établir un relevé des distances séparant la surface du tumulus du plateau sur lequel il reposait. Plusieurs semaines s'écoulèrent ainsi sans qu'il parvienne à localiser la tombe. Ce n'est qu'au mois de juillet de la saison suivante que la sonde signala la présence d'un rocher enfoui à trente-quatre mètres de profondeur. Les travaux de forage révélèrent ensuite que la roche faisait partie d'un amas de décombres de moins de trente mètres de diamètre et, plus prometteur encore, que cet amas se trouvait, comme on pouvait l'espérer, immédiatement au sud-ouest du centre du tumulus.

À l'emplacement au-dessous duquel il pensait trouver le centre de la tombe, Rodney Young planta triomphalement un mât garni d'une bannière. Puis, en avril 1957, l'archéologue et son équipe se mirent à l'ouvrage. En partant du bord sud-ouest du tumulus, ils creusèrent une étroite tranchée jusqu'au niveau de la plaine et la prolongèrent vers l'intérieur du tumulus en direction du point marqué par le mât. À mesure que le fossé s'allongeait, les parois de terres ainsi créées s'élevaient de plus en plus haut. Quand l'équipe eut progressé d'environ soixante-dix mètres, elle se trouva au pied d'une muraille verticale haute de onze mètres cinquante. À partir de là, il n'était plus question d'avancer sans creuser une galerie.

Conscient du risque d'effondrement, Young s'était assuré les services d'un ingénieur et de boiseurs provenant de la région minière de Zonguldak, au bord de la mer Noire. Leur savoir-faire, espérait-il, éviterait que semblable catastrophe ne se produisît. Travaillant en trois équipes se relayant toutes les huit heures et utilisant de simples étais en bois pour soutenir les parois, ils avançaient à la cadence de trois mètres par jour. Au bout de vingt-quatre jours, ils atteignirent un mur de blocs de calcaire grossiers qui arrêta tout net leur progression.

La découverte prit Young au dépourvu. Il supposait bien que ses mineurs se trouvaient dans la partie occupée par le remblai, mais il s'attendait à ce qu'ils tombassent sur une paroi non pas en calcaire mais en bois. Était-il possible, se demanda-t-il, que la sépulture fût construite en pierre? Quand les ouvriers entreprirent de percer le mur, qui

s'avéra épais d'environ un mètre, ils déclenchèrent une avalanche de cailloux ronds gros comme des oranges. À mesure qu'ils les enlevaient, d'autres tombaient, et l'éboulement se prolongea pendant trois jours, ce qui fit craindre que le plafond de la chambre funéraire ne s'effondrât et que les rochers n'écrasassent ce qui se trouvait en dessous. Cette inquiétude ne se dissipa que lorsque les hommes eurent dégagé cent soixante-dix mètres cubes de décombres. Young vit alors, à une distance d'un mètre quatre-vingts, une autre paroi, en pièces de bois grossièrement taillées.

Tandis que les mineurs déblayaient le passage, des chutes de pierres se produisaient de temps à autre. Elles tombaient du dôme d'argile auquel elles avaient adhéré et que Young eut la surprise et le grand soulagement de trouver intact. «Durci et parfaitement tassé par la pression accumulée avec le temps, écrivit-il, il se maintint de lui-même lorsque la pile de pierres dont il était le moule fut retirée d'en dessous.»

Après avoir percé une ouverture dans la paroi de rondins, Young eut une autre raison de s'étonner: d'autres décombres gisaient derrière. Il fallut encore quatre jours aux ouvriers pour enlever le plus gros des pierres accumulées en cet endroit. Enfin, Young se trouva devant une autre paroi de bois, celle-ci faite de pièces soigneusement équarries et assemblées. Il supposa qu'il avait en face de lui la cloison de la chambre funéraire. Il y perça une petite lucarne. Pendant qu'on procédait à cette opération, une odeur de sciure de bois se fit sentir et, à mesure que l'air de la tranchée pénétrait dans cet espace confiné hors du temps et faisait éclater le bois sec et fragile qui s'y trouvait, de faibles craquements provenant de l'intérieur de la tombe parvenaient aux oreilles de l'archéologue.

Grâce au crâne, sans doute du roi Midas, trouvé dans la tombe de Gordion, les savants britanniques ont pu, en employant des techniques appartenant à la médecine légale, reconstituer les traits du monarque (ci-dessus). *L'homme, selon leurs estimations, mesurait 1,58 mètre et était âgé de soixante à soixante-cinq ans.*

L'ouverture était suffisante pour que Young y passât la tête, un bras et une lampe de poche. «Les membres de l'équipe se relayèrent pour regarder à l'intérieur», écrivit-il, en se souvenant de l'excitation avec laquelle chacun d'entre eux décrivait ce qu'il discernait dans l'obscurité. «La sépulture était vaste, l'atmosphère dense et faiblement éclairée par la lampe. Parmi les merveilles qui se révélaient à nous figuraient un char et un alligator empaillé!»

L'archéologue se livra par la suite à un inventaire un peu plus sérieux du contenu de la sépulture. Les bruits de craquement, put-il se rendre compte, provenaient des vestiges de beaux meubles en bois – neuf tables à trois pieds, deux dressoirs marquetés et trois tabourets ornementaux. Le bon état de conservation de tous ces objets était dû à la présence du dôme en argile, qui avait empêché l'humidité de pénétrer dans la chambre funéraire et y avait maintenu une hygrométrie constante. Certes, les meubles étaient plus ou moins délabrés, ce qui n'avait rien d'étonnant étant donné leur âge, mais le simple fait qu'un matériel aussi périssable que le bois ait pu survivre constituait, pour des archéologues habitués à ne manier que de la terre cuite, de la pierre, de la brique et des métaux, une heureuse surprise. Young entreprit immédiatement de sauver tous les fragments et les pièces encore entières en leur appliquant un traitement chimique. Par la suite, le mobilier allait donner lieu à une reconstitution pleinement réussie *(pages 112-117)*.

Mais le bois n'était pas le seul matériau qui abondait dans la tombe. La chambre funéraire contenait aussi divers objets en bronze corrodés. Parmi eux figuraient une grande quantité de clous, vestiges supposés de somptueuses ceintures en cuir, et cent soixante-dix pots, coupes, louches et autres récipients, et plus cent quatre-vingts fibules ouvragées – épingles en forme de broche servant d'attaches pour les vêtements. La fabrication soignée de ces objets, dont beaucoup gisaient éparpillés à même le plancher en bois de la chambre, témoignait de la maîtrise à laquelle les Phrygiens étaient parvenus dans le travail du bronze.

Les pièces les plus impressionnantes étaient trois chaudrons en bronze hauts de soixante centimètres et larges de cinquante, dont certains provenaient sans doute du royaume d'Ourartou, situé à l'est de l'Anatolie *(pages 91-93)*, et deux situles du même métal – des récipients rituels en forme de seau – richement décorées et ressemblant aux vases représentés sur les reliefs assyriens de la fin du VIIe siècle av. J.-C. Étant donné que l'analyse stylistique des fibules et la datation au radiocarbone d'échantillons de bois prélevés sur la paroi extérieure de la sépulture donnaient des dates similaires, Young en déduisit que le tumulus devait avoir été érigé à cette époque.

Plus sensationnelle encore s'avéra la trouvaille effectuée directement en dessous et en face de l'orifice percé par l'archéologue. Là était posé un meuble que Young prit pour un lit à baldaquin en bois avant de constater qu'il s'agissait d'un cercueil, sur lequel gisait le squelette de l'homme en l'honneur duquel le monument tout entier avait été bâti. La richesse des objets inhumés avec lui, la date, la taille imposante du tumulus, tout, jusqu'à l'âge du défunt – entre soixante et soixante-cinq ans selon l'analyse de Muzaffer Senyürek, un paléonthologue de l'université d'Ankara – convergeait vers la même conclusion: ces ossements étaient ceux du roi Midas en personne.

Mais si la dépouille était bien celle de l'illustre souverain,

Cette représentation du légendaire roi Midas est tirée d'un livre de mythologie grecque publié en 1910. Le monarque découvre avec horreur en touchant sa fille qu'elle se transforme en or, et que le don qu'il a reçu est une malédiction. Bien qu'il ait fait l'objet d'affabulations, dont certaines dues aux historiens grecs, Midas a réellement existé et il est resté le plus célèbre des Phrygiens.

Ce relief délicatement sculpté – reproduit ici par un artiste – restait visible sur un fragment de meuble réduit à l'état de charbon de bois. Mis au jour lors des fouilles du megaron 3 de Yassihüyük, monticule contenant les vestiges de la ville de Gordion, il dépeint une scène de bataille, avec un archer à pied et des guerriers casqués montés sur des chevaux et portant des lances et des boucliers.

un certain nombre de mystères restait à résoudre. Étant donné son don légendaire de transformer en or tout ce qu'il touchait, pourquoi sa dernière demeure ne contenait-elle pas la moindre trace du précieux métal? De plus, la chambre funéraire n'enfermait aucune des armes communément placées dans les sépultures des rois guerriers. Young émit l'hypothèse qu'il n'entrait sans doute pas dans les coutumes phrygiennes de déposer de semblables objets dans les tombes des personnages royaux.

Étrange aussi était l'apparent anonymat de la tombe. On trouva sur trois coupes des inscriptions gravées sur des bandes de cire d'abeille. Young identifia les caractères: ils appartenaient à l'alphabet gréco-phrygien, qui se lit de gauche à droite. Mais il n'arrivait pas à les déchiffrer, si bien que l'identification définitive du défunt échappait à ceux-là mêmes qui la désiraient le plus ardemment. Néanmoins, les inscriptions prouvaient que la Phrygie disposait de l'écriture alphabétique vers le dernier quart du VIIIe siècle av. J.-C., et que l'élite de ce peuple n'était pas illettrée. Ces certitudes représentaient une grande percée pour les savants qui, jusque-là, devaient se fier aux récits des Assyriens et des Grecs, voisins des Phrygiens, pour toute information sur le chemin que le peuple sur lequel régnait le roi Midas avait parcouru avant de sortir des siècles de silence consécutifs à la chute de l'Empire hittite, survenue aux environs de l'an 1200 avant notre ère.

Les Assyriens désignaient les Phrygiens sous le nom de Mouchkis ou de Tabals, membres d'une fort gênante confédération de peuples anatoliens menée par un roi oriental répondant au nom de Mitaa. D'après les annales royales de Sargon II, les Phrygiens ont empêché, aux environs de l'an 720 av. J.-C., l'aboutissement de ses projets visant à conquérir leur territoire. Quant aux Grecs, qui ont commencé à coloniser les îles et le rivage oriental de la mer Égée aux Xe et IXe siècles avant notre ère, ils pensaient que les Phrygiens étaient originaires des Balkans, qu'ils avaient combattu à Troie aux côtés du roi Priam, qu'ils étaient arrivés sur le plateau anatolien aux environs de l'an 1200 av. J.-C. et qu'ils avaient fini par y régner en maîtres. Cette domination prit fin vers l'an 695 av. J.-C., quand les Cimmériens, des envahisseurs venus du Caucase, occupèrent le royaume phrygien et que Midas, tourmenté par des cauchemars, se suicida, en buvant, si l'on en croit les récits, du sang de taureau.

Les écrits grecs rapportent que ce sont les Lydiens, autre peuple mené par un illustre souverain, qui ont pris la place des Phrygiens. De fait, Crésus – car tel était le nom du fameux roi des Lydiens – devint célèbre parmi les Grecs pour l'immensité de sa fortune, tout comme l'avait été Midas. Et les archéologues qui ont effectué des fouilles à Sardes, la capitale lydienne, ont pu constater que cette réputation était fondée : sur les rives du Pactole, le torrent de montagne qui traversait la ville, les Lydiens avaient affiné le minerai d'or et d'argent et introduit l'usage des pièces de monnaie.

Mais les récits grecs à propos des Phrygiens et des Lydiens étaient entachés de mythologie. On y apprenait, par exemple, que Priam avait épousé Hécube, fille du fleuve Sangarios – nom d'alors du Sakarya –, sur les rives duquel était bâtie Gordion. Les légendes grecques rapportent aussi que, pour plaire à Zeus Basileus, le dieu patron de l'oracle qui avait prophétisé le règne des Phrygiens, Gordias, le père de Midas, avait attaché son char avec un nœud fort compliqué. Pendant des siècles, personne ne réussit à défaire le fameux nœud gordien, malgré la légende qui voulait que quiconque y parviendrait deviendrait le maître de l'Asie tout entière. Nombreux furent

Des ouvriers turcs travaillant en 1956 sur le site de Gordion dégagent soigneusement un sol en mosaïque qui fait penser à un patchwork. Les motifs dépourvus de toute régularité entourent un foyer circulaire qu'on ne discerne pas encore bien à ce stade des fouilles. Faite de galets rouges, noirs et blancs, la mosaïque se trouvait dans le palais principal. Elle date du roi Midas, du VIIIe siècle av. J.-C.

Ce prêtre a les mains jointes, geste de supplication datant de l'antique Sumer (argent moulé en creux haut de 12,7 centimètres). Sa coiffure et sa robe à plis soulignent son attitude hiératique.

ceux qui s'y essayèrent, mais selon la tradition, une seule tentative fut couronnée de succès: celle d'Alexandre le Grand, qui trancha la corde d'un coup de son épée, éludant ainsi l'oracle.

Une autre histoire fameuse qui liait la destinée des Phrygiens à celle des Lydiens veut que Midas ait reçut de Dionysos la faculté de changer en or tout ce qu'il touchait. Après avoir commencé par se réjouir de sa bonne fortune, le roi ne tarda pas à se rendre compte que son pouvoir fraîchement acquis était aussi une malédiction, car tout aliment et toute boisson qu'il portait à la bouche se transformait en or. Effrayé à la perspective de mourir de faim et de soif, Midas implora Dionysos de lui reprendre la faveur dont il venait de le gratifier, et le dieu lui donna satisfaction. Il lui conseilla de se laver dans la source du Pactole, le fleuve qui traversait la capitale lydienne. Quand Midas s'immergea dans l'eau de la rivière, son pouvoir fut immédiatement transféré à celle-ci, dont le fond sablonneux roula des paillettes d'or, pour le plus grand bonheur à venir de Crésus.

Au cours des plus de quarante années de fouilles qu'ils conduisirent à Gordion, Rodney Young et ses successeurs Keith DeVries et G. Kenneth Sams, eux aussi Américains, devaient faire grandement progresser les connaissances archéologiques et mythologiques accumulées jusque-là. Ils allaient mettre à nu de vastes portions de la splendide capitale du roi Midas, dont la prétention allait de pair avec l'ambition militaire, et exhumer des preuves de la fortune qui se cachait derrière la fameuse légende de son don de transformer en or tout ce qu'il touchait. Quant aux contacts étroits mentionnés par les historiens grecs entre les Grecs et les Phrygiens – Hérodote écrit que Midas offrit un trône en bois au temple d'Apollon de Delphes –, les chercheurs n'allaient en trouver que des traces suggestives mais non probantes. En vérité, aussi fructueuse qu'ait été l'expédition, les Phrygiens n'en devaient pas moins rester, selon les mots d'un historien, «vagues, amorphes, barbares et mystérieux».

Les fouilles de la capitale phrygienne effectuées par les Américains ont constitué le point culminant d'un lent processus de reconstitution archéologique entamé plus de cent cinquante ans auparavant, quand William Martin Leake, capitaine de l'armée britannique, voyageait avec sa suite dans les hautes terres escarpées qui avoisinent la ville qu'on appelle aujourd'hui Eskisehir et qui se trouve à l'ouest de l'ancienne Gordion. C'est dans ces parages qu'il découvrit un plateau sur la paroi rocheuse duquel d'anciens tailleurs de pierre avaient sculpté la façade d'un temple ressemblant à une maison dotée d'un comble sur pignon et d'une profonde niche centrale évoquant un vestibule *(page 114)*. Elle était couverte de motifs géométriques ainsi que d'inscriptions que Leake attribua à une forme ancienne de l'alphabet grec. Sur l'une d'entre elles, il lui sembla lire le nom de Midas.

Connue sous son nom grec de Cybèle, la déesse Matar, ou «mère», est flanquée d'un lyriste et d'un flûtiste. Cette statue du milieu du VIe siècle av. J.-C., haute de 1,20 mètre, gisait à Hattousas au niveau de l'occupation phrygienne.

Persuadé que le monument devait être l'œuvre des Phrygiens mentionnés dans les anciens récits grecs, il décréta qu'il s'agissait de la tombe de Midas.

De nos jours, on sait que cette affirmation était erronée. Les savants pensent que le monument est lié, non pas à Midas, mais au culte que les Phrygiens vouaient à la grande déesse de la Nature, Cybèle, la mère des dieux. La narration faite par Leake de sa découverte n'en a pas moins incité les voyageurs européens du XIXe siècle à se lancer en grand nombre, et avec plus ou moins de discernement, dans l'exploration des hauts plateaux anatoliens. L'un d'entre eux, un gentleman britannique répondant au nom de W. M. Ramsay, dressa des relevés et des croquis de vestiges archéologiques qui prouvaient que l'emplacement où Leake avait trouvé la prétendue tombe de Midas avait jadis abrité un établissement fortifié qu'il baptisa cité de Midas. Ramsay passa ensuite plus de dix ans à inventorier des monuments distinctement phrygiens. Ce faisant, il établit que les Phrygiens étendaient leur emprise sur un territoire qui couvrait l'essentiel de l'ancien Empire hittite, y compris sa capitale. En vérité, non seulement Hattousas mais encore plusieurs autres villes fortifiées, de dimensions plus modestes, bâties le long des routes commerciales qui s'enfonçaient loin vers l'orient, témoignaient de la présence des Phrygiens dans toute la boucle de l'Halys.

Dans les toutes dernières années du XIXe siècle, les archéologues allemands Alfred et Gustav Körte ont identifié le monticule de Yassihüyük comme étant le site de la véritable ville de Midas. L'endroit abondait en ressources naturelles: les moutons et les chevaux pouvaient y prospérer sur les pâturages baignés par les eaux du Sangarios et les forêts fournissaient tout le bois nécessaire à la construction de meubles tels que ceux que Young allait exhumer dans le grand tumulus. Quelques années auparavant, l'archéologue américain avait fait une découverte – celle d'une ancienne route pavée qui passait non loin de là – qui semblait contribuer à expliquer la richesse de Gordion. Young pensait qu'il s'agissait peut-être d'un tronçon de la «route royale», un axe est-ouest qui, à la fin du VIe siècle av. J.-C. et au début du Ve, reliait différentes régions de l'Empire perse de Darius Ier; mais des recherches plus récentes suggèrent que cette artère à deux voies a probablement été construite par les Romains à une époque plus tardive. Toujours est-il que, comme Young allait l'établir, la route en question suivait le trajet emprunté à travers le plateau anatolien par d'anciennes voies hittites et phrygiennes. Gordion s'est développée au carrefour de ces routes et du fleuve Sangarios, emplacement très propice qui a permis à la ville de jouer un rôle capital dans le commerce anatolien.

Conjointement à ces informations sur l'essor de la capitale affluèrent les signes de sa chute brutale. À peine les archéologues avaient-ils entrepris de dégager les différents niveaux dont se composaient le site de Yassihüyük qu'ils rencontrèrent des bâtiments phrygiens, tous marqués par le feu. Dans certains cas, le sol était jonché de gros morceaux de charbon de bois, vestiges de poutres de charpente, et parsemé d'une cendre blanche et duveteuse provenant sans doute du chaume de roseau qui les avait couvertes. Ailleurs, l'équipe de l'université de Pennsylvanie trouva des signes révélateurs d'une interruption soudaine de la vie quotidienne : un vase plein de noisettes destinées au casse-croûte des ouvriers d'un atelier, de la paille éparpillée sur une aire de battage, les squelettes de deux vaches fraîchement abattues et encore attachées, dont les articulations des pattes avaient été enlevées (les bouchers étaient à l'évidence en train de dépecer les animaux quand la catastrophe est survenue) et du matériel de couture tout prêt à servir à des tisserands si habiles que la langue latine, où le mot *phrygio* désigne un brodeur, allait se faire l'écho de leur renommée.

Avec son long bec, cette chope à bière, qui ne mesure qu'une dizaine de centimètres de hauteur, offre un bel échantillon de la poterie phrygienne, caractérisée en général par une surface polie et des motifs géométriques de couleur brune. C'est par le bec que les Phrygiens buvaient; celui-ci, très protubérant, est pourvu d'un tamis, sans lequel le breuvage épais et granuleux aurait été difficile à ingurgiter. Ce récipient devait être rare puisqu'on n'en a trouvé que dans les tombes royales.

À mesure que les archéologues mettaient à nu le site, ils pouvaient constater que l'incendie, qui n'avait pratiquement rien épargné de Gordion, n'aurait jamais pu prendre une telle ampleur sans qu'on l'y ait aidé. Cette conclusion s'imposa dès qu'on eut mis au jour des murs intérieurs – moins épais que ceux de l'enceinte défensive qui entourait la ville – érigés, selon l'hypothèse émise par Young, pour diviser celle-ci en trois quartiers distincts, peut-être dans le but de favoriser le contrôle des esclaves. L'un de ces quartiers a été baptisé la zone fortifiée, le second abritait des ateliers destinés à la production des textiles et à la préparation des aliments, et le troisième, qui se distinguait par la beauté de ses bâtiments et l'intérêt des trouvailles qu'il a livrées, était probablement le site du palais royal phrygien.

L'incendie final correspond bien à la version grecque de l'histoire phrygienne, selon laquelle les Cimmériens ont déferlé sur l'Anatolie et pillé Gordion. Mais les envahisseurs n'avaient pas, semble-t-il, l'ambition de coloniser la Phrygie car, plutôt que de l'annexer, ils poursuivirent leur chemin et s'installèrent en Crimée, sur la rive septentrionale de la mer Noire. Les spécialistes des textes grecs estiment que cette invasion s'est produite aux environs de l'an 695 av. J.-C., et les poteries découvertes par Young parmi les vestiges calcinés de Gordion abondent dans le même sens.

Pourtant, en dehors des décombres de l'incendie scellés sous une épaisse couche d'argile, les fouilles n'ont livré aucune trace d'un massacre systématique des populations. À l'évidence, les habitants des lieux sont revenus sur place peu après l'attaque et, portés par la volonté de reconstruire, ont arasé les ruines pour en faire les fondations d'une nouvelle ville. Ce faisant, ils ont offert aux archéologues la possibilité de distinguer la Gordion de Midas parmi la confusion des strates qui caractérise les autres époques de Yassihüyük. Et c'est dans le quartier du palais que le passé s'est révélé de la façon la plus transparente.

Young y mit au jour un ensemble de maisons dispersées au milieu de cours pavées. Malgré le peu d'objets de valeur qu'il y trouva, il était clair que le site était celui d'une capitale digne du royaume de Midas. Deux édifices ressemblaient aux *megara* de la Grèce mycénienne et de l'Anatolie de l'âge du bronze – autrement dit des maisons comprenant une pièce principale formant un carré de quelque neuf mètres de côté, dotée d'un foyer central et précédée d'un petit vestibule. Les parois en pierre d'un de ces megara étaient épaisses d'un mètre quatre-vingts et percées, à intervalles réguliers, de niches destinées à l'évidence à recevoir les lourdes poutres qui supportaient les murs et la toiture.

L'édifice devait avoir fière allure : les murs étaient enduits d'un revêtement d'argile lissé et toutes les pièces étaient pavées d'une mosaïque de galets noirs, rouges et blancs posés sur un lit d'argile et dessinant un décor qui, loin d'être systématique, combinait toute une gamme de motifs géométriques fantaisistes – svastikas, losanges, triangles imbriqués, grandes rosaces – disposés sans ordre particulier. Young remarqua que l'effet, similaire à celui que produit un tapis d'Orient, laissait à penser que les auteurs de ces mosaïques avaient intégré des techniques et des motifs empruntés à l'art d'anciens tisserands.

Cette céramique cérémonielle, haute de 38 centimètres et en forme d'oie, a été placée comme offrande funéraire dans le tumulus P de Gordion, qui contenait la sépulture d'un enfant de lignée royale. On a aussi exhumé de cette tombe de la fin du VIIIe siècle av. J.-C. un quadrige – char attelé de quatre chevaux de front – en bronze long de 10 centimètres (à gauche) *qui était probablement un jouet.*

La grandeur des bâtiments suggéra aux archéologues qu'ils avaient rempli une fonction publique plutôt que privée, et une découverte ultérieure vint fortuitement étayer cette hypothèse. À l'extérieur de l'un des megara, Young découvrit un banc de pierre large et bas recouvert d'un enduit de terre. Il en déduisit que cet emplacement avait été celui d'une aire d'attente, peut-être destinée aux personnes qui souhaitaient être reçues en audience par les fonctionnaires qui vivaient et travaillaient à l'intérieur du bâtiment. Divers graffitis, dont certains devaient avoir été gravés par des Phrygiens qui occupaient ainsi leurs longues heures d'attente, représentaient des lutteurs, des guerriers, des lions, des chiens, des chèvres, des chevaux et différentes espèces d'oiseaux, ainsi que de petites maisons, dotées d'une entrée centrale et d'une toiture à pignon, qui ressemblaient étonnamment à la façade sculptée dans la roche de la cité de Midas telle que Leake l'a décrite.

Au cours des fouilles effectuées par la suite au même endroit, les archéologues ont mis au jour des édifices encore plus grandioses – une douzaine en tout, dont le plus grand a été baptisé palais royal par Young –, groupés autour de deux cours séparées par une superbe porte. Dans cette enclave privilégiée, l'aristocratie de Gordion menait une vie plutôt fastueuse. Les chercheurs y ont trouvé des plaques sculptées en ivoire qui avaient servi d'incrustations pour des meubles en bois depuis longtemps désintégrés, et des vestiges de tissus – entre autres des morceaux de feutre et de tissages peu serrés de chanvre – dont Young supposa qu'ils avaient jadis servi de draperies suspendues aux murs ou posées sur des meubles. Ces tissus, cousus avec art et décorés de franges, décoraient agréablement les lieux lors des libations et des banquets. L'analyse des vestiges botaniques qu'on y a trouvés a en effet permis d'identifier quelques-uns des éléments de l'alimentation locale: lentilles et noisettes, ainsi que cerises, à en juger d'après les dix-neuf noyaux de ce fruit découverts sur place.

Il est également établi que les riches Phrygiens avaient l'habitude d'arroser ces banquets avec de la bière. De même que les Égyptiens et les Babyloniens, ils la consommaient non filtrée, autrement dit avec la balle d'avoine encore en suspension dans le breuvage, qu'ils buvaient de deux façons, soit en le transvasant dans une coupe et en l'ingurgitant à l'aide d'une paille, soit en versant directement dans leur bouche le contenu d'une jarre en céramique spécialement conçue à cet usage. On a retrouvé six de ces récipients à Gordion et d'autres dans des tumulus voisins. Tous étaient sphériques, pourvus d'une anse unique en forme de lobe et d'un bec tubulaire faisant saillie, avec à sa base un petit filtre destiné à retenir les particules en suspension. Bien que la possession de ces jarres fût réservée à une élite, l'association entre cette façon de s'abreuver et les Phrygiens en général est devenue si répandue que, au VIIe siècle av. J.-C., le poète grec Archiloque, que n'effrayait pas la paillardise, était certain de faire rire son auditoire en comparant une certaine pratique sexuelle à la vision d'un

OURARTOU, ROYAUME DE LA MÉTALLURGIE

Sur un affleurement rocheux bordé de ruines médiévales et ottomanes *(ci-dessus)* reposent les pierres des fondations cyclopéennes de la citadelle de Touchpa, capitale de l'Ourartou, un royaume célèbre pour sa richesse et sa maîtrise du travail des métaux. La forteresse, qui date du milieu du IXe siècle av. J.-C., surplombait le lac de Van, à l'est de l'Anatolie. Le fragment de bronze long de vingt-huit centimètres *(cartouche)* donne une idée de l'apparence que pouvait avoir la ville, avec ses murs fortifiés et ses tours.

Les habitants de l'Ourartou avaient de bonnes raisons de se tenir sur la défensive. Ils étaient toujours en guerre avec les Assyriens, qui cherchaient à prendre le contrôle de leurs régions minières. La nécessité de travailler le fer et le bronze pour fabriquer des armes explique l'essor de la métallurgie ourartéenne. Les artisans, de véritables artistes, produisaient des objets d'une grande beauté. Ils décoraient les roues de char, les jougs et les harnais d'ornements en bronze. Et ils enjolivaient les coupes et les chaudrons d'images de divinités ou d'animaux sacrés.

Les Ourartéens construisaient avec des outils en fer des routes, des forts, des temples et des ouvrages d'irrigation. Mais leurs prouesses militaires et économiques ne les ont pas empêchés d'être vaincus, en 540 av. J.-C., par des envahisseurs venus du nord. Les Ourartéens allaient disparaître, mais pas leur production métallurgique, dont bien des échantillons seraient dispersés, par le commerce et le tribut, en Phrygie, en Grèce et en Italie, où, comme dans l'Ourartou, ils finiraient par échouer entre les mains des archéologues, apportant par la même occasion la preuve du talent des artisans qui les avaient façonnés.

Similaire à ceux que l'on peut voir sur les statuettes ourartéennes en bronze, le pectoral en argent plaqué or présenté à gauche arbore des animaux sacrés: lions, taureaux et créatures ailées portant des seaux cérémoniels. Le griffon ci-dessous, haut de 21,6 centimètres, fait partie des figures mythiques en bronze coulé qui décoraient un trône ouvragé.

Un seau cérémoniel haut de 10 centimètres provenant de l'Ourartou témoigne de la maîtrise que les artisans de ce royaume avait acquise dans le travail du métal. La frise en or délicatement ouvragée représente une cérémonie de l'arbre sacré, avec des prêtres tenant des seaux semblables à celui-ci, tandis qu'ils consacrent l'arbre selon un rituel qui est aussi dépeint dans l'art assyrien.

Cette pièce en bronze de 60 centimètres de hauteur en forme d'éventail est l'un des deux supports de timon qui ornaient un harnais de char ourartéen datant de la fin du IXᵉ siècle ou du début du VIIIᵉ siècle av. J.-C. Représenté en relief, un dieu ailé, debout sur le dos d'un taureau, tient des branches de grenadier. Il est assisté par des divinités qui maintiennent ses ailes déployées.

Cette cloche en bronze haute de neuf centimètres, avec ses huit facettes percées de fenêtres, ornait jadis un harnais de char. Les objets ourartéens en bronze portaient souvent le nom de leur propriétaire. On lit, sur l'inscription qui figure sur celui-ci, «de l'arsenal d'Argishti», un souverain qui a régné au cours du VIIIᵉ siècle av. J.-C.

Le profil d'un jeune homme au regard pensif révèle quelques traits de la mode masculine en vigueur dans la Lydie du milieu du Ve siècle av. J.-C. – frisettes, boucles d'oreilles, fond de teint blanc, joues fardées de rouge, taches rouges au nez et au menton. La tasse en terre cuite à laquelle appartiennent ces deux fragments rappelle les productions grecques de la même période; peut-être est-elle l'œuvre d'un potier grec qui résidait en Anatolie ou vivait dans un milieu gréco-anatolien.

«Phrygien en train de boire sa bière à travers un tube».

Au sud-est du grand tumulus de Gordion, Young et son équipe exhumèrent une sépulture de dimensions plus modestes appartenant à un membre de la haute société phrygienne. Du squelette, il ne restait aucune trace hormis l'émail de cinq dents, vestiges à partir desquels un expert de l'université d'Ankara est arrivé à la conclusion que le défunt était un enfant de quatre ou cinq ans. On avait enterré le corps avec à ses côtés neuf récipients dont les experts n'ont pas réussi à établir s'ils avaient ou non servi à boire de la bière. On avait également placé dans la tombe une table en bois à dessus de mosaïque, un trône en buis marqueté d'if et de délicates sculptures en bois représentant des lions, un cheval ailé et un buffle cornu et attelé. À cela s'ajoutaient divers objets évocateurs des plaisirs éternels de l'enfance: d'amusantes poteries zoomorphes – une paire de jarres en forme d'oie et un récipient représentant un bélier qui versaient les premières par le bec et le second par la gueule – et un petit char en métal qui avait peut-être servi de jouet.

Semblables privilèges ne pouvaient que reposer sur l'existence d'une classe inférieure industrieuse et disciplinée, mais quelles traces avait-elle laissées derrière elle? Disposés sur une terrasse artificielle à l'ouest du quartier du palais et séparés de lui par un mur, s'alignaient les vestiges de deux rangées de maisons qui témoignaient de la vie plus terre à terre que menait la majorité des habitants de Gordion. Deux des édifices, dépourvus de four ou de foyer, devaient être invivables pendant les rigoureux hivers anatoliens. Young supposa qu'ils avaient sans doute servi d'entrepôts. Quant aux autres, ils semblaient avoir été réservés à la production de tissus et d'aliments. Young y trouva des restes carbonisés de blé et d'avoine ainsi que des mortiers en pierre pour broyer la farine. Agenouillés en rang à même une plate-forme basse en brique, les esclaves phrygiens – ou, à en juger par ce que l'on sait d'autres anciennes sociétés, les femmes – roulaient des pierres en forme de bateau sur les grains de céréale, tandis que d'autres mélangeaient avec de l'eau la farine ainsi obtenue, pour en faire une pâte, ou plaçaient les gâteaux dans les fours, qui avaient aussi le mérite de réchauffer l'air ambiant.

Outre des plateaux destinés à la cuisson de l'argile et des outils en fer qui servaient peut-être à attiser le feu, les archéologues ont exhumé de nombreuses spires de fuseau, preuve s'il en fallait que le filage faisait partie des activités de ce quartier, ainsi que des mottes d'argile percées de trous. Ces objets, baptisés beignets par l'équipe des fouilles, servaient de contrepoids pour les métiers à tisser. Des fibres restaient attachées à certains d'entre eux et vingt et un occupaient une position – alignés en ligne droite sur une longueur de plus de un mètre cinquante – qui suggérait qu'ils étaient tombés du métier auquel ils étaient accrochés au moment où s'est produite l'attaque.

Mais cet attachement aux tâches domestiques ne peut cacher le fait que les Phrygiens étaient un peuple belliqueux qui, entraîné par l'ambition de Midas, est allé mener à l'est de son territoire des batailles dont les annales du palais assyrien ont gardé le souvenir. On a trouvé dans le plus grand *megaron* une hache en fer aux deux tranchants croisés, arme redoutable dans les mains d'un guerrier phrygien. Des carreaux de céramique du début du VIe siècle av. J.-C. provenant d'un édifice de la ville de Pazarli, située à cent soixante-dix kilomètres au nord-est d'Ankara, livrent une image du reste de l'équipement que ce guerrier et ses compagnons portaient dans les combats: des reliefs gravés et peints représentent une procession d'hommes coiffés de casques à plumes et armés de javelots et de boucliers ronds.

Cependant, même une nation agressive doit prendre des mesures défensives, et les Phrygiens de la cité de Midas, de Hattousas et d'ailleurs entouraient leurs villes d'épaisses murailles qu'ils garnissaient de passages souterrains et de cages d'escalier, ainsi que de puits et de citernes qui constituaient des réserves d'eau en cas de siège. Au VIIIe siècle avant notre ère, Gordion était elle aussi ceinte d'une muraille défensive, mais cette protection ne suffit pas à arrêter l'attaque des envahisseurs cimmériens.

Si elle a sonné la fin de la domination de l'Anatolie par les Phrygiens, la destruction de Gordion ne signifiait nullement que la ville allait rester déserte. C'est ce dont Young allait s'apercevoir quand il tourna son attention vers Kücük Hüyük, le «petit mont» qui se dressait au sud-est de l'établissement principal, de l'autre côté d'une cuvette dont l'archéologue se demanda si elle ne s'était pas formée après l'assèchement d'un méandre du Sangarios. Il découvrit à cet endroit les vestiges d'un établissement lydien datant du siècle qui avait suivi l'attaque cimmérienne.

Soucieux, peut-être, d'éviter la répétition de ce qui s'était passé jadis, les Lydiens avaient érigé là une muraille de plus de trois mètres cinquante d'épaisseur, en forme de croissant, et un bâtiment de trois ou quatre étages qui pourrait avoir servi de caserne. Mais ces précautions se sont avérées insuffisantes, et Kücük Hüyük a, elle aussi, été détruite. Lors d'une attaque survenue au milieu du VIe siècle av. J.-C., les bâtiments ont été brûlés et, peu après, une bonne partie de la cité a été enfouie sous un gros tumulus érigé pour abriter le corps d'un grand guerrier mort au combat.

Les Lydiens, assurément, venaient de l'ouest de l'Anatolie. À partir d'une date qu'on peut fixer approximativement à l'an 680 av. J.-C., ils

Ce vase, ou ce pot à onguent, de 14 centimètres de hauteur est représentatif d'une forme particulière de poterie connue sous le nom de lydion, *du fait qu'elle est née en Lydie. Très imitée en Grèce et en Étrurie, cette céramique a donné des vases à parfum ornés d'une fine couche de peinture appliquée en touches larges et onduleuses de manière à imiter l'apparence du verre ou de l'albâtre.*

allaient exercer une emprise qui, au cours des cent cinquante années suivantes, s'étendrait à la majeure partie de l'ancien royaume phrygien, Gordion comprise, tandis que leur capitale, qu'ils avaient établie à Sardes, à proximité du fleuve Hermos et au pied du Tmolos, massif montagneux, s'affirmait, à la différence des États anatoliens traditionnellement agricoles, comme un centre urbain et culturel autonome dont l'influence allait non seulement se diffuser dans l'ensemble de la région mais encore préfigurer le rayonnement de la civilisation grecque de l'époque classique.

L'économie a été le moteur de l'essor lydien. Sardes, qui contrôlait les routes commerciales reliant le plateau aux cités grecques qui prospéraient à l'ouest, était bien placée pour tirer avantage du développement des échanges, et ses habitants se sont enrichis grâce au commerce, entre autres celui des poteries, production dont Young a trouvé divers échantillons à Kücük Hüyük. Vallée fertile, versants boisés, abondance de minerais, l'or en particulier: il ne fait pas de doute que toutes ces richesses naturelles ont amplement contribué à la prospérité de Sardes, et à la condescendance qu'elle lui a value de la part des Grecs, pour qui l'excès de luxe avait quelque chose de vulgaire. Ils reprochaient aux Lydiens l'opulence de leur mode de vie et sa «douceur superflue», et c'est ainsi que le nom du dernier souverain de ce peuple s'est trouvé immortalisé dans l'expression «riche comme Crésus».

C'est sur le site de Sardes, où une équipe américaine formée conjointement par les universités Harvard et Cornell a effectué des fouilles, que se sont concentrées presque toutes les recherches archéologiques sur la Lydie. Commencés en 1958, les travaux ont donné aux archéologues le plaisir d'exercer leur activité dans un environnement superbe, au milieu des vergers, des vignobles et des champs de blé, mais ils purent aussi constater que cette situation privilégiée n'allait pas sans inconvénients. Les abondantes précipitations saisonnières entraînent fréquemment des inondations et l'activité sismique est redoutable dans la région. «Les vestiges lydiens, ont écrit les archéologues, sont enfouis plus ou moins profondément, et il arrive même qu'ils aient été déplacés par l'érosion, les crues ou les tremblements de terre.»

Lors des fouilles effectuées à proximité d'un gué du Pactole, dans la zone probablement occupée par le marché de Sardes, les chercheurs ont pu reconstituer une phase de colonisation remontant à 1400 av. J.-C., voire encore plus loin dans le passé. Le premier établissement lydien est apparu aux environs de l'an 700 av. J.-C., à une époque dont les traces concrètes commencent enfin à concorder avec les écrits laissés par les Anciens, en particulier les *Histoires* d'Hérodote, où l'on trouve la description des circonstances curieuses dont s'est entourée la naissance de la dynastie qui allait exercer sa domination sur la Lydie et s'y épanouir pendant cent cinquante ans. Le récit de l'historien grec débute vers l'an 685 av. J.-C., au moment où Candaule, le dernier souverain de la dynastie précédente (les Héraclides), s'efforce de convaincre son ami, le ministre Gygès, fondateur de

UN TRÉSOR VOLÉ ET RETROUVÉ

Depuis longtemps déjà, les tumulus, qui se dressent au-dessus des terres agricoles de l'ouest de la Turquie, attiraient l'attention des pilleurs de tombes. Dans les années soixante, une bande d'entre eux pénétra dans trois des tombes du VIe siècle av. J.-C. qu'ils contenaient. Ils s'emparèrent d'un énorme butin, dont plusieurs centaines d'objet en or et en argent. Pour arriver à leurs fins, les voleurs avaient dû faire sauter à la dynamite le toit d'une des chambres funéraires. Une autre sépulture contenait des fresques qu'ils avaient découpées pour les vendre.

Un négociant acheta les pièces volées et les fit sortir du pays avec l'aide d'un Turc propriétaire d'une compagnie de transport. Par la suite, l'un des cambrioleurs, mécontent de la part qui lui avait été attribuée, dénonça ses complices à la police.

En 1970, les autorités turques tentèrent à plusieurs reprises d'obtenir des informations sur un achat d'antiquités en argent effectué par le Metropolitan Museum of Art de New York, mais toutes leurs démarches restèrent vaines. La même année, Ozgen Acar, un journaliste que l'on voit ci-dessus *(à gauche)* en compagnie d'un des participants à l'expédition de pillage, entreprit de retrouver le «trésor lydien». En 1984, le Metropolitan Museum inaugura une exposition consacrée à l'art grec et romain, où Acar identifia enfin une partie des objets volés, dont il avait obtenu une description de la bouche des pillards appréhendés.

Il s'avéra que, dans les années soixante, le musée avait versé un million sept cent mille dollars pour acquérir cent soixante-douze objets. Une vingtaine d'années plus tard, il détenait environ deux cent cinquante pièces, évaluées en 1993 à trente millions de dollars. Au cours du procès intenté par la Turquie au musée, des pièces à conviction dignes d'un roman policier furent présentées au tribunal. Il fut prouvé, par exemple, que la copie d'un morceau laissé par les voleurs lorsqu'ils avaient découpé les peintures s'insérait parfaitement dans un fragment de fresque en possession du musée.

Les premières phases du procès ayant tourné à son désavantage, le Metropolitan Museum of Art convint de restituer le trésor. Les archéologues considèrent cette affaire comme une importante victoire dans la bataille contre la contrebande des objets d'art.

Inspiré d'un symbole égyptien, ce disque solaire en émail cloisonné a été modelé en forme de pectoral. Une cornaline brille en son centre, et des pâtes colorées serties par des fils d'or enjolivent les ailes. La chaîne est une tresse de fils d'or, tout comme la monture du bracelet (à gauche), *où l'on retrouve le motif solaire.*

Des pendeloques en forme de glands, certains incrustés de pierres semi-précieuses, ornent le collier en or présenté à droite. Les anneaux qui se trouvent au milieu sont sertis d'agates multicolores. Ci-dessous, deux bracelets cerclés d'or portent à leurs extrémités des cabochons du même métal représentant des têtes de lion.

La broche en or ci-dessus qui mesure 2,5 centimètres de largeur et 5 de hauteur représente une créature ailée, mi-cheval mi-poisson. La minutie du relief fait ressortir les écailles, les plumes, la crinière et les motifs abstraits. Sous le corps, des pendentifs en fils d'or tressés sont terminés par des perles de verre.

Cette coupe en argent est décorée de reliefs en or. Une jatte du VIe siècle av. J.-C., presque identique bien qu'entièrement en argent, a été trouvée en Turquie. Cette similitude incite à attribuer à l'objet une origine lydienne, bien qu'un catalogue du Metropolitan Museum of Art de New York l'ait répertorié comme provenant de la Grèce orientale.

Parmi les objets lydiens récupérés, l'un des plus précieux est l'oinochoe, ou cruche à vin, en argent présenté ci-dessus. Son anse finement ouvragée dessine une jeune fille nue tenant deux lions par la queue. À ses pieds reposent deux béliers. Ce vase, haut de 18 centimètres, pèse 600 grammes.

celle des Mermnades, du charme sans égal de la reine: «Gygès, il est clair que tu doutes de ce que je te dis de la beauté de ma femme; voir c'est croire, nous devons donc nous arranger pour que tu la voies nue.»

Malgré les réticences de Gygès, le roi insista pour qu'il se cache derrière la porte de la chambre de la reine et la regarde se préparer à se coucher, et le ministre accepta à contrecœur. Le lendemain matin, la reine le convoqua et, en présence des plus sûres de ses suivantes, lui annonça qu'elle n'ignorait rien de sa coopération au plan ourdi par le roi. «Vous m'avez vue nue, dit-elle. Vous devez donc choisir entre deux possibilités. Soit vous tuez Candaule, vous m'épousez et montez sur le trône de Lydie, soit vous périssez ici et maintenant.» Confronté à une alternative aussi draconienne, Gygès implora le pardon de la reine, mais il lui fut refusé. En désespoir de cause, il choisit de sauver sa propre vie et assassina le monarque. La nouvelle ne tarda pas à se répandre dans le peuple, qui se rebella à l'idée d'être gouverné par un meurtrier, et les rues s'emplirent d'une foule de gens armés. Ce n'est qu'à la onzième heure que la perspective d'une guerre civile fut écartée et l'ordre restauré, quand Gygès reçut la bénédiction de l'oracle grec de Delphes.

L'épisode ne manque pas d'intérêt sur le plan historique, car sous le règne de Gygès, les Lydiens allaient se lancer dans un processus d'expansion militaire qui finirait par leur donner le contrôle d'une grande partie de l'ancien royaume phrygien. Pourtant, ce n'est pas à l'est, mais à l'ouest, que le souverain choisit ses premières cibles: les riches cités grecques du littoral – Milet, Smyrne et Colophon. Des céramiques découvertes à Sardes dans la strate qui a livré les premières traces de colonisation lydienne témoignent de l'étroitesse des relations traditionnelles que ce peuple entretenait avec les Grecs. Mais voilà que Gygès attaquait soudain ses voisins et pillaient leurs cités, et ses successeurs allaient suivre son exemple, probablement dans le but de gagner un accès à la mer Égée.

Toutefois, diverses découvertes – les traces d'un incendie à Sardes, le squelette d'une jeune fille apparemment assassinée dans son sommeil, des ossements désarticulés enterrés en vrac dans une fosse improvisée – suggèrent que les Lydiens n'ont pas toujours été les agresseurs. À l'instar de Gordion, la capitale de Gygès a succombé aux assauts de hordes nomades qui venaient du nord et de l'est de la mer Noire et appartenaient, selon les suppositions des archéologues, aux populations cimmériennes. Les recherches ont établi que l'incendie s'est produit au milieu du VIIe siècle av. J.-C., et les annales assyriennes confirment cette information.

Les scribes qui les ont rédigées rapportent qu'aux environs de l'an 663 avant notre ère, le roi assyrien Assourbanipal reçut un message de Gygès qui lui demandait de l'aider à repousser des envahisseurs. Mais la distance qui séparait les deux royaumes était si grande qu'Assourbanipal n'avait jamais entendu parler ni des Lydiens ni de leur langue. «De toutes les langues de l'est et de l'ouest sur lesquelles le dieu Assour m'a donné le contrôle, aurait-

Un vase grec du début du Ve siècle av. J.-C. trouvé en Étrurie représente le roi Crésus sur le bûcher où il va être brûlé vif. À en croire l'historien Hérodote, Crésus supplia le dieu grec Apollon d'intercéder en sa faveur et un orage éteignit le feu. Fort impressionné, Cyrus, le roi perse qui venait de conquérir la Lydie, épargna Crésus.

il dit, il n'y avait pas d'interprètes pour celle-ci. Son langage était étranger, si bien que ses mots n'ont pas été compris.» Pourtant, l'assistance que Gygès appelait de ses vœux s'est peut-être concrétisée sous une forme ou une autre, puisqu'il a réussi à repousser les agresseurs, et même à deux reprises.

Le souverain perdit la vie en 652 av. J.-C., alors qu'il défendait la citadelle haut perchée, mais la culture lydienne allait garder toute sa vigueur. Les fouilles ont montré que les habitants de Sardes se sont immédiatement lancés dans de grands projets de construction et que la ville s'est agrandie en épousant les contours de la vallée du Pactole. En vérité, toutes les traces qu'elles ont livrées confirment l'existence d'une société urbaine florissante. Les murs et les planchers, par exemple, étaient en meilleur état lorsqu'on les mit au jour que ceux datant de l'époque de Gygès, ce qui laisse à penser que les techniques de construction étaient supérieures et les matériaux de meilleure qualité. L'abondante moisson de poteries importées de Grèce suggère par ailleurs que le commerce s'était développé. En outre, il s'agit de pièces plus belles que celles des époques précédentes. Qu'elles viennent de Corinthe ou de la Grèce continentale, les céramiques étaient en effet plus légères et moins grossières, amélioration qui pourrait traduire la nécessité de satisfaire les goûts et les besoins d'une société urbaine de plus en plus raffinée. Et cette prospérité s'est diffusée dans les campagnes; l'étude des pollens indique que les agriculteurs se sont détournés de l'élevage, dont la population lydienne dépendait jusque-là, et ont diversifié leur production en se convertissant, par exemple, à la culture des oléagineux et des céréales.

Le paysage urbain a changé en même temps que le mode de vie des citadins. En s'attaquant à la strate qui correspondait approximativement à la période allant de 650 à 600 av. J.-C., l'équipe des universités Harvard et Cornell a trouvé les traces d'un quartier commercial et industriel entouré d'une muraille: le marché lydien. Ce quartier, qui annonçait peut-être les bazars d'un Orient plus récent, était un foyer central de production des artisanats dans lesquels les Lydiens excellaient: la poterie, le travail du cuir et du métal, le tissage et la teinture, la fabrication des produits de beauté, la sculpture sur ivoire, la taille des pierres précieuses et la bijouterie.

Mais c'est l'or qui a alimenté la principale industrie lydienne. Ce sont Gygès et ses successeurs qui, de 650 à 550 environ av. J.-C., allaient fournir à la Grèce l'essentiel de l'or dont elle avait besoin, d'où la réputation de fleuve d'or que des écrivains comme Hérodote ont faite au Pactole, la rivière sur les berges de laquelle Sardes était construite. Et l'historien grec parlait en connaissance de cause, puisqu'il avait vu de ses propres yeux les cent dix-sept lingots d'or – chacun de la taille d'un gros volume d'encyclopédie – dont Gygès avait fait don au sanctuaire d'Apollon de Delphes.

En 1960, l'équipe américaine entreprit de fouiller l'endroit qu'elle a baptisé Pactole-Nord, où une accumulation de vestiges d'édifices témoignait de l'existence d'un faubourg animé de Sardes au VIe siècle av. J.-C. Attenant à une enceinte sacrée se trouvaient deux concentrations de petits anneaux disposés sur le sol – plus de cent en tout, mesurant jusqu'à vingt-huit centimètres de diamètre. Ces anneaux marquaient l'emplacement de coupelles, des foyers creusés à même la terre, semble-t-il, pour y fondre la poudre d'or extraite du Pactole et d'autres cours d'eau. Ce procédé permettait d'obtenir non pas le métal à l'état pur, mais de l'électrum, alliage naturel d'or et d'argent contenant de cinquante à soixante-quinze pour cent d'or, une proportion, soit dit en passant, qui correspondait à la norme en usage dans l'ancien monde égéen pour les lingots et les bijoux.

Hérodote affirme que les Lydiens ont été le premier peuple au monde à frapper des monnaies, originellement en électrum, ce qui a sans doute constitué un atout décisif dans les échanges avec leurs voisins. Mais l'analyse des pièces frappées à Sardes, ornées d'une tête de lion impérial, montre que l'or dont elles étaient faites titrait parfois moins de trente-cinq pour cent, ce qui, de l'avis de certains experts, suggère que les Lydiens grugeaient peut-être leurs partenaires commerciaux en ajoutant de l'argent à l'électrum des pièces. Si tel est le cas, la supercherie a fini par être éventée, puisque la monnaie d'électrum n'a pas tardé à perdre la confiance des marchands dont l'économie lydienne était tributaire.

Heureusement, Crésus a su rétablir la situation de la monnaie de son pays en frappant des pièces d'or ou d'argent pur. Pour ce faire, les fouilles de Pactole-Nord l'ont révélé, les Lydiens ont employé une technique aussi simple qu'ingénieuse. Ils martelaient l'électrum de façon à obtenir des feuilles qu'ils plaçaient ensuite dans des creusets où ils intercalaient des couches de sel et de brique écrasée. Après quoi ils chauffaient le tout pendant plusieurs jours dans des fourneaux. Au fur et à mesure de l'opération, l'argent contenu dans l'électrum se mélangeait au sel et l'or pur se trouvait isolé.

Ces nouvelles monnaies ont sans aucun doute contribué à améliorer les contacts commerciaux entre les Lydiens et leurs voisins grecs. Pourtant, les fouilles effectuées à Bayrakli, un quartier nord de la ville moderne d'Izmir,

Ces deux pièces du VIe siècle av. J.-C., celle tout en haut en or et celle ci-dessus en argent, proviennent de Sardes, capitale de la Lydie. Elles portent des têtes de lion et de taureau, emblèmes du pouvoir royal. Elles ont dû être frappées toutes deux soit au cours du règne du roi Crésus, qui mit en circulation des pièces d'or, soit pendant l'occupation de la Lydie par les Perses. On attribue généralement aux Lydiens l'introduction de la monnaie.

ont montré que les successeurs de Gygès ont continué de regarder d'un œil plein de convoitise les riches cités grecques du littoral ionien. Alors qu'ils travaillaient dans l'angle nord-ouest du site, à l'emplacement de l'ancienne cité de Smyrne, les archéologues ont exploré un monticule haut de près de vingt mètres, ouvrage jadis érigé par des assiégeants dans le but d'ouvrir une brèche dans la muraille qui ceignait la ville. Cette élévation avait sans doute offert un poste de tir privilégié aux archers et aux frondeurs lydiens qui étaient parvenus indemnes jusqu'à son sommet. Le site était jonché de pointes de flèche, dont certaines encore fichées dans les briques de terre des murs des maisons. Les recherches effectuées sur des tessons de poterie provenant du monticule ont permis d'établir que l'assaut s'était déroulé aux environs de l'an 600 av. J.-C., une date qui correspond à celle, consignée dans les annales, de l'attaque livrée par l'un des successeurs de Gygès, Alyatte, dont le règne se situe approximativement entre 610 et 560 avant notre ère.

C'est à Alyatte que revient le mérite d'avoir repoussé les Cimmériens hors de l'Anatolie et d'avoir affermi l'emprise lydienne sur l'ancien royaume phrygien. Mais à l'est, Alyatte s'est heurté aux Mèdes, qui, de concert avec les Babyloniens, étaient venus à bout de l'Empire assyrien. Pendant cinq ans, il y eut des batailles sporadiques. Puis, en 585 av. J.-C. – date qu'on a pu établir avec précision grâce à l'éclipse solaire qui, à en croire Hérodote, interrompit l'affrontement –, les deux camps conclurent un accord qui faisait de l'Halys la frontière entre la Lydie et la Médie. La paix fut scellée par un mariage entre descendants des deux rois.

Après quoi Alyatte se consacra à la construction d'un monument prestigieux, une sépulture digne de rivaliser avec celle de Midas, à Gordion. Les aristocrates lydiens avaient l'habitude d'inhumer leurs défunts dans un vaste cimetière situé à une dizaine de kilomètres de Sardes, sur une arête calcaire qui séparait l'Hermos du lac Gygéen. Ce cimetière, appelé Bin Tepe, ou les «mille monts», dans la langue turque, contient en fait plus de cent grandes tombes, dont les plus imposantes, les «monts royaux», datent du règne de Gygès. En 1962, les chercheurs des universités Harvard et Cornell dressèrent un plan minutieux du monticule le plus important de cette zone, celui qui abritait la tombe d'Alyatte, mais décidèrent de ne pas y effectuer de fouilles, étant donné que leurs prédécesseurs du XIXe siècle avaient établi que le tertre avait été pillé, probablement à l'époque romaine. Des cinq signes qui, dans la description d'Hérodote, coiffaient le tumulus, il n'en restait plus qu'un : un bloc de pierre en forme de bourgeon.

Les sources classiques identifiaient un autre monticule, qui mesurait cinquante mètres de hauteur et deux cents mètres de diamètre et se dressait à moins de deux kilomètres au sud du lac Gygéen sur une corniche calcaire, comme la sépulture de Gygès. Grâce à des techniques basées sur la résistivité,

l'équipe réussit à distinguer l'ancienne assise du monticule de l'épaisse couche de terre qui s'était accumulée au cours des siècles sous l'effet de l'érosion. Mais ses efforts pour localiser la tombe à l'aide d'un derrick emprunté aux archéologues de Gordion restèrent vains et, quand elle y parvint après avoir creusé une galerie, ce fut pour trouver les détritus laissés par des pilleurs. En cours de route, elle avait rencontré un mur de blocs de calcaire traçant un cercle de quatre-vingt-dix mètres de diamètre qui, à l'origine, correspondait peut-être à la circonférence du tumulus. Sur les pierres étaient gravées des inscriptions, dont la signification reste énigmatique aujourd'hui encore mais qui, selon certaines interprétations, pourraient se lire «Gugu», nom assyrien de Gygès, et selon d'autres, ne seraient rien de plus que des instructions laissées par les maçons pour la construction de l'édifice.

Que le tumulus ait ou non été la dernière demeure du fondateur de la dynastie des Mermnades, l'immense effort que représente l'érection d'un tel monument est révélateur de l'importance que les Lydiens attachaient au culte des morts. Et si tous les citoyens ne pouvaient prétendre à ce genre de traitement – beaucoup étaient enterrés dans des tombes creusées à même la roche, dans des caissons de dalles de pierre ou dans des sarcophages en terre cuite –, les membres de l'élite étaient inhumés avec des objets en or ou en argent et de beaux vêtements. Des inscriptions placées dans les tombes demandaient aux dieux de protéger celles-ci des voleurs.

Le squelette d'un jeune guerrier exhumé à Sardes serre toujours dans son poing la pierre qu'il s'apprêtait à lancer avant de rendre l'âme. Des spécialistes de l'anthropologie physique ont établi qu'il est tombé ou a été précipité d'une hauteur et qu'il a dû mourir de mort violente, peut-être frappé par derrière lors de la prise de la capitale par les Perses, survenue aux environs de l'an 546 av. J.-C. On n'a pas pu déterminer si ce squelette anonyme, qui gisait parmi les débris des fortifications de la ville, était celui d'un Lydien ou celui d'un Perse.

À six mètres du squelette du guerrier, on a trouvé les fragments d'un casque en fer orné de bronze (en haut). *Avec huit plaques en forme de coin, les armureries royales de Londres ont reconstitué la coiffure en acier et en bronze* (ci-dessus). *Des cordons soulignent les raccords entre les plaques, et les rabats pour protéger les joues sont articulés. Le casque a pu aussi bien coiffer un Lydien qu'un Perse.*

La richesse dont témoignent les sépultures lydiennes culmina pendant le règne de Crésus, qui succéda à son père, Alyatte, en 560 av. J.-C. Grâce aux relations amicales qu'il établit avec les ports grecs du littoral ionien, Crésus permit aux marchands lydiens de faire des affaires fructueuses et il manifesta sa reconnaissance en offrant de somptueux présents d'or et d'argent à divers temples grecs. Aux yeux des historiens grecs, il semble que Crésus menait une vie très semblable à celle des habitants de Ionie, mais à une échelle beaucoup plus fastueuse.

Pourtant, les graines de la chute de Crésus étaient déjà semées. Une nouvelle puissance montait à l'est, où un Perse répondant au nom de Cyrus avait triomphé des Mèdes et s'apprêtait à fonder la dynastie des Achéménides. Crésus commit l'erreur de sous-estimer la force de son nouvel adversaire; il décida de rompre le traité signé par Alyatte avec les Mèdes et de s'emparer des riches provinces qui s'étendaient sur l'autre rive de l'Halys. Enhardi par l'oracle d'Apollon à Delphes qui avait prédit, non sans ambiguïté, qu'il détruirait un puissant empire s'il partait en guerre contre les Perses, le roi marcha vers l'est. Mais malheureusement pour lui, le royaume qui devait s'effondrer n'était autre que le sien.

Après un premier affrontement, qui se déroula à l'est de l'Halys et ne donna à personne une victoire décisive, Crésus reprit la direction de Sardes pour y passer l'hiver et renvoya dans leurs foyers tous ceux de ses soldats qui n'étaient pas lydiens. Mais Cyrus, sans respecter la fin de la saison traditionnellement consacrée aux campagnes militaires, suivit son ennemi jusqu'à la vallée de l'Hermos. Manquant d'hommes et pris totalement au dépourvu, le Lydien rassembla sa fameuse cavalerie en vue de lancer une contre-attaque désespérée, mais la victoire revint aux Perses, grâce à un adroit stratagème conçu par Cyrus pour neutraliser cette offensive: Hérodote raconte que le Perse fit placer en première ligne les chameaux de son train des équipages, et que les chevaux lydiens furent si incommodés par leur odeur que la charge de cavalerie se termina dans la plus grande confusion, tant et si bien que la route de la capitale resta grande ouverte.

Mais les Perses durent sans doute livrer une dure bataille avant de percer une brèche dans le mur de pierre et de brique, épais de vingt mètres, qui entourait Sardes. L'archéologue américain Crawford H. Greenewalt Jr. a exhumé un squelette qu'un spécialiste de l'anthropologie physique a identifié comme celui d'un homme âgé de vingt-deux à vingt-six ans. Il s'agissait apparemment d'un guerrier, probablement tombé pendant le combat au corps à corps qui avait précédé l'effondrement des défenses de la ville, car les os de son avant-bras gauche avaient été brisés en deux endroits, comme s'il avait tenté de se protéger face à un ennemi brandissant une épée. Sa main droite serrait encore une pierre de la taille d'un abricot. Abattu par derrière au plus fort de la mêlée, il avait rendu l'âme avant de pouvoir lancer son projectile. À proximité et très abîmés par la corrosion, gisaient les vestiges d'un casque qui avait peut-être coiffé un soldat lydien ou un adversaire perse.

Tandis que la bataille faisait rage, Hérodote rapporte que Crésus se retira dans la citadelle qui dominait la ville, le bastion réputé imprenable. Mais la chance était du côté de Cyrus. Après un siège de quinze jours, l'un des attaquants vit un soldat lydien dévaler la colline à la poursuite de son casque, qu'il avait malencontreusement laissé tomber, et découvrit ainsi un chemin caché qui menait au sommet. Le lendemain, empruntant la même voie pour escalader les falaises escarpées, les Perses prirent les derniers défenseurs par surprise et déferlèrent sur l'acropole.

Crésus, fait prisonnier, fut condamné à mort. Mais on ne sait pas très bien ce qu'il advint de lui, car le personnage prit une dimension mythique parmi les Grecs et les potiers de ce peuple firent de son portrait un de leurs motifs favoris *(page 101)*. Les artistes et les conteurs avaient sans doute été touchés par la richesse de Crésus et par son brutal revers de fortune qui, aux yeux des Grecs, était un châtiment envoyé en expiation des péchés commis par son ancêtre, l'usurpateur Gygès. Mais il est également possible que l'orgueil ait contribué à la pérennité de sa renommée.

Des années avant qu'il ne fût écrasé par les Perses, rapporte Hérodote, Crésus reçut un visiteur de marque: Solon, le fameux législateur et homme d'État athénien. Le souverain était alors à l'apogée de sa puissance et de sa fortune et il souhaitait que sa gloire fût certifiée par l'un des personnages les plus célèbres de la Grèce de cette époque. On raconte qu'à cette fin il posa à son hôte une question insidieuse: «Qui considéreriez-vous comme le plus heureux des hommes?» Averti de la réponse que le roi voulait entendre mais pas du tout impressionné par les signes extérieurs de richesse, Solon proféra une réponse qui ne dut pas être du goût de son hôte: «Personne, remarqua-t-il, ne peut être qualifié d'heureux tant qu'on ignore les circonstances de sa mort.»

La chute du royaume lydien entre les mains des Perses devait rendre cette histoire encore plus pathétique aux yeux des lecteurs d'Hérodote, qui reprochaient peut-être à Crésus son orgueil excessif mais n'en admiraient pas moins son courage face à un peuple que les Grecs en viendraient à considérer comme à peine au-dessus des barbares. Quelques générations plus tard – tandis que de nouveaux établissements recouvraient les derniers vestiges des grandes cultures de l'Anatolie et que la péninsule se voyait de plus en plus cantonnée au rôle de passerelle entre les grandes civilisations de l'Orient et de l'Occident –, c'est aux habitants de la Grèce continentale qu'il incombait de croiser le fer avec les descendants de Cyrus, auxquels les opposerait un vaste et sanglant conflit pour la domination de l'Ancien Monde.

UNE STUPÉFIANTE DÉCOUVERTE

En 1957, Rodney Young, directeur des fouilles effectuées par l'université de Pennsylvanie, se fraya un passage à travers la cloison en bois de la chambre funéraire enfouie sous le plus grand des tumulus de Gordion, où l'on supposait que reposait la dépouille du roi Midas. L'archéologue eut alors la stupéfaction de découvrir des trésors qu'aucun œil n'avait contemplé depuis deux mille sept cents ans. Il n'y avait là ni or ni argent ni bijoux. Mais beaucoup plus précieux était le mobilier en bois plus ou moins délabré qui gisait éparpillé sur le sol de la sépulture – quinze pièces, incomparables par la beauté des lignes, la qualité de la facture et la puissance des symboles religieux dont elles étaient ornées *(ci-dessus)*.

Les archéologues n'avaient jusque-là exhumé qu'un tout petit nombre de meubles en bois datant de l'Antiquité, et leur connaissance des techniques anciennes de travail du bois se fondait pour l'essentiel sur des objets mis au jour dans les sépultures – celle par exemple du pharaon Toutankhamon ou celles de Jéricho (cité du pays de Canaan), qui datent de l'âge du bronze – et sur toutes les informations qu'ils avaient pu glaner sur les peintures murales ou dans les textes.

Au Vᵉ siècle av. J.-C., Hérodote a parlé d'un trône offert au sanctuaire d'Apollon de Delphes par Midas, roi de Phrygie et premier étranger à faire un don à ce temple grec. On lit sous la plume de l'historien grec que le trône «valait la peine d'être vu» et, si aucune description ou aucun vestige du trône n'est parvenu jusqu'à nous, l'extraordinaire mobilier exhumé à Gordion nous donne une idée de ce que devait être sa beauté. Plus important encore, ce mobilier offre une mine de renseignements sur les gens qui l'ont fabriqué. «C'est la découverte qui éclaire le mieux les Phrygiens, leurs goûts et leur sensibilité artistique», dit l'archéologue Elizabeth Simpson, directrice du projet concernant le mobilier de Gordion. De concert avec Krysia Spirydowicz, conservateur en chef, et d'une équipe d'experts, Elizabeth Simpson a consacré quinze années de sa vie à la conservation et à la restauration de ces meubles magnifiques.

Preuve des ravages du temps, le rebord qui prolonge l'avant du cercueil creusé dans un tronc d'arbre (ci-dessus) *gît là où il a chu après les funérailles du roi, survenues au VIII*e *siècle av. J.-C.*

À côté, une table à trois pieds s'est aussi effondrée, éparpillant le contenu d'un sac plein de fibules en bronze – épingles de sûreté de l'époque. On en a ramassé 180 autour du squelette et sur le sol.

LA CHAMBRE FUNÉRAIRE ROYALE

Alors qu'ils regardaient par l'orifice percé dans la paroi en bois de la tombe, Young et son équipe s'aperçurent qu'ils se tenaient en équilibre au-dessus du squelette lui-même, tel qu'on le voit sur la photographie à droite, prise peu après leur entrée dans la tombe. (Les trois piliers ont été dressés par les archéologues afin de prévenir un éventuel effondrement du plafond de rondins.)

Young prit tout d'abord le cercueil pour un lit à quatre montants. Mais par la suite, l'analyse des fragments effectuée par Elizabeth Simpson montra qu'il s'agissait de la bière, façonnée dans un énorme tronc d'arbre, dans laquelle le roi avait été inhumé. Comme l'indique le croquis ci-dessous, elle était dotée de deux balustrades latérales amovibles et était immobilisée par quatre blocs en bois arrondis qui épousaient ses contours. Afin de descendre le lourd cercueil dans la tombe, il est possible que l'on ait passé des cordes sous les rebords, aux deux extrémités, à travers des encoches découpées.

Pour fabriquer le cercueil (ci-dessous) *– trois mètres de longueur et un mètre de largeur –, on a utilisé un segment du tronc d'un cèdre, qu'on a coupé en deux dans le sens de la longueur avant d'évider l'une des deux moitiés.*

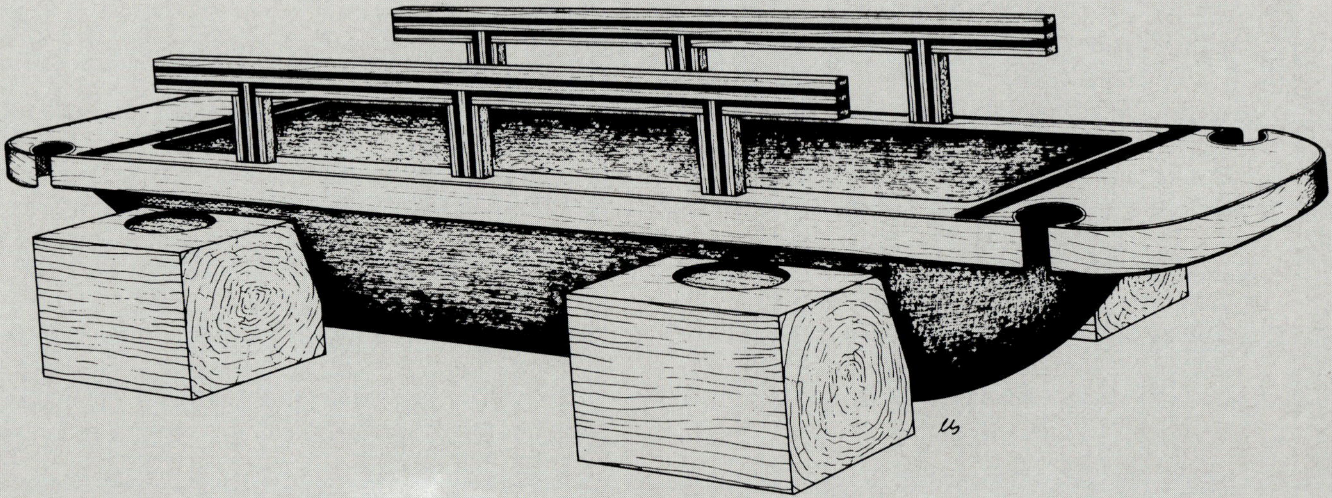

Le plan tracé ci-dessous de la chambre funéraire montre l'emplacement du squelette et du cercueil, dans l'angle nord-est de la pièce, ainsi que celui des nombreux objets qui y ont été placés, dont soixante-dix récipients en bronze. La tombe, qui mesurait 6,40 mètres sur 5,20 mètres, n'avait ni porte ni fenêtre, ce qui indique que le cercueil, le mobilier et tout ce qu'elle contenait ont été descendus par le plafond.

Représentés tels qu'on les a découverts, deux gros chaudrons en bronze (il y en avait trois au total) sont posés sur des piètements en fer contre la paroi sud. Des coupes en bronze et des morceaux de tables effondrées gisent sur le sol. La présence des chaudrons, des coupes et des tables, ajoutée à celle de dressoirs, de cruches en bronze et de louches, suggère qu'on a inhumé aux côtés du roi les accessoires ayant servi lors d'un banquet funéraire donné en son honneur.

Chef-d'œuvre du travail du métal, ce seau en bronze a été façonné en forme de tête de bélier. Un autre reproduisait une tête de lion. Les récipients avaient été enveloppés dans des tissus dont il ne restait que quelques lambeaux. Les deux seaux zoomorphes, avec leurs yeux incrustés qui semblent presque réels, ont peut-être été placés dans la tombe comme offrande au roi défunt.

La louche en bronze martelé à droite fait partie d'une paire trouvée à proximité de deux dressoirs. On a aussi exhumé une centaine de coupes, dont celle ci-dessus, ornée d'un ombilic et de reliefs en forme de pétale. Ces ustensiles étaient posés sur huit tables en bois. Le chaudron de 50 centimètres de hauteur ci-dessous, orné de divinités en bronze, contenait des aliments ou une boisson.

LES PRODIGES DE L'ART PHRYGIEN

Remarquablement bien préservé, l'un des dressoirs marquetés de la tombe de Gordion est adossé à l'un des murs de la chambre funéraire. Une coupe, décorée d'un ombilic et de pétales, est appuyée contre le meuble.

Elizabeth Simpson remplace la partie désagrégée d'un pied de dressoir par du plexiglas. Les dressoirs, trop fragiles pour supporter leur poids, sont soutenus par des montants en plexiglas posés sur des supports métalliques.

Grâce, notamment, au faible degré d'humidité de l'atmosphère de la chambre scellée, quinze pièces de mobilier phrygien ont survécu, certaines mieux que d'autres, à deux millénaires passés sous terre. Outre le lourd et grand cercueil creusé dans un tronc d'arbre, les archéologues récupérèrent trois tabourets en bois sérieusement détériorés, huit tables à trois pieds, une table ornée de sculptures et d'incrustations délicates ainsi que deux meubles toujours debout que Young prit dans un premier temps pour des paravents ou pour les panneaux arrière d'un trône.

Mais un examen minutieux et l'important travail de conservation effectué par Elizabeth Simpson et les membres de son équipe, puis l'assemblage méticuleux des fragments ont révélé qu'il s'agissait en fait de dressoirs ornés de superbes marqueteries. Les panneaux en bois incrustés, avec leurs motifs élaborés, étaient fort adroitement assemblés par des tenons et des mortaises. Mais les ébénistes phrygiens ne s'étaient pas contentés de travailler dans les règles de l'art: Elizabeth Simpson allait vite se rendre compte que ces artisans avaient introduit dans la décoration des symboles et des motifs chargés d'une signification spéciale pour les Phrygiens.

La façade en marqueterie sur fond de buis de l'un des deux dressoirs hauts de 94 centimètres dessine un motif sophistiqué. Un médaillon en rosette soutenu par deux formes arrondies interrompt la régularité géométrique des lignes. Pour réaliser la marqueterie, les ébénistes ont d'abord tracé des motifs dans le buis, à l'aide d'un outil à la pointe aiguisée, puis ils ont évidé les rainures et les renfoncements destinés à recevoir les incrustations de genévrier – bois beaucoup plus sombre –, qu'ils ont enfoncées à petits coups, après quoi il ne leur restait plus qu'à polir la surface ainsi décorée.

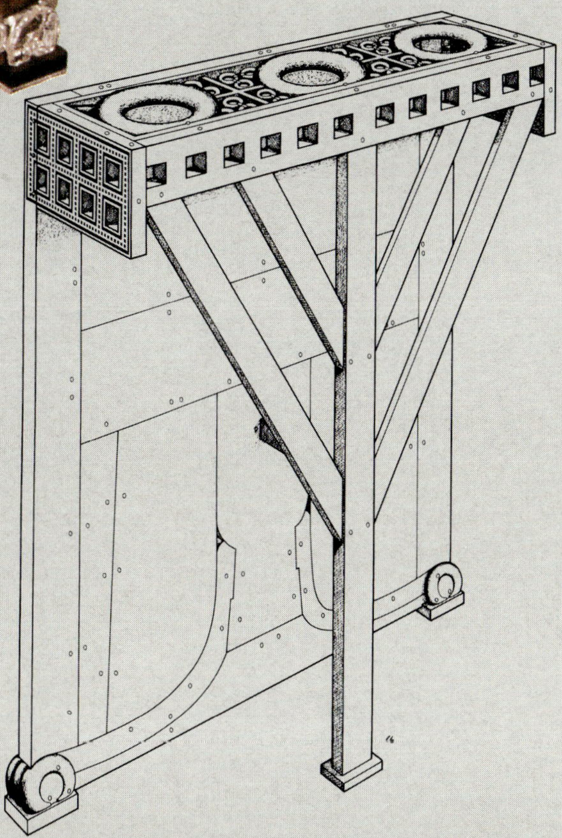

Vu de dos sur le croquis d'un archéologue reproduit à droite, le dressoir n'est doté que d'un seul pied, disposé à l'arrière et renforcé par quatre contre-fiches en buis, le tout supportant une étagère en noyer sculpté. Le dessus était percé de trois orifices circulaires destinés à recevoir de petits chaudrons en bronze dans lesquels on puisait peut-être des aliments ou des boissons à l'aide d'une louche lors des banquets.

SYMBOLES AUX SUBTILES RÉSONANCES

Peut-être la superbe décoration des dressoirs ne s'adressait-elle pas uniquement à la sensibilité esthétique des Phrygiens. Elizabeth Simpson soupçonne en effet qu'elle avait en outre une signification religieuse et que les motifs employés reproduisaient le tracé des temples dédiés à Cybèle, la déesse mère des Phrygiens, temples dont le monument de Midas *(à gauche)*, construit au VIIIe siècle avant notre ère, offre une illustration. Au cours de ses recherches sur ces sanctuaires en pierre, Elizabeth Simpson a relevé leurs caractéristiques: façade couverte de motifs géométriques en labyrinthe, avec une niche centrale peut-être destinée à recevoir une statue de la divinité. L'archéologue a remarqué que les dressoirs reproduisaient à la fois la forme et la décoration géométrique des temples. Elle suggère en outre que la rosette centrale pouvait symboliser la divinité, tout comme la rosette étoilée de l'art assyrien représentait la déesse Ishtar. Les deux formes incurvées qui joignent la rosette aux pieds du panneau pourraient figurer des pattes de lion, une référence aux deux lions représentés avec Cybèle.

Haute de seize mètres, la façade du monument de Midas* (en haut, à gauche), *érigé dans les hautes terres de la Phrygie, était sculptée dans la roche de la falaise. La niche centrale devait abriter une statue de la déesse Cybèle ressemblant à celle de gauche, qui provient d'un temple de Arslan Kaya, autre site des hautes terres. Ici, la déesse apparaît flanquée de deux lions qui posent leur patte sur sa tête.

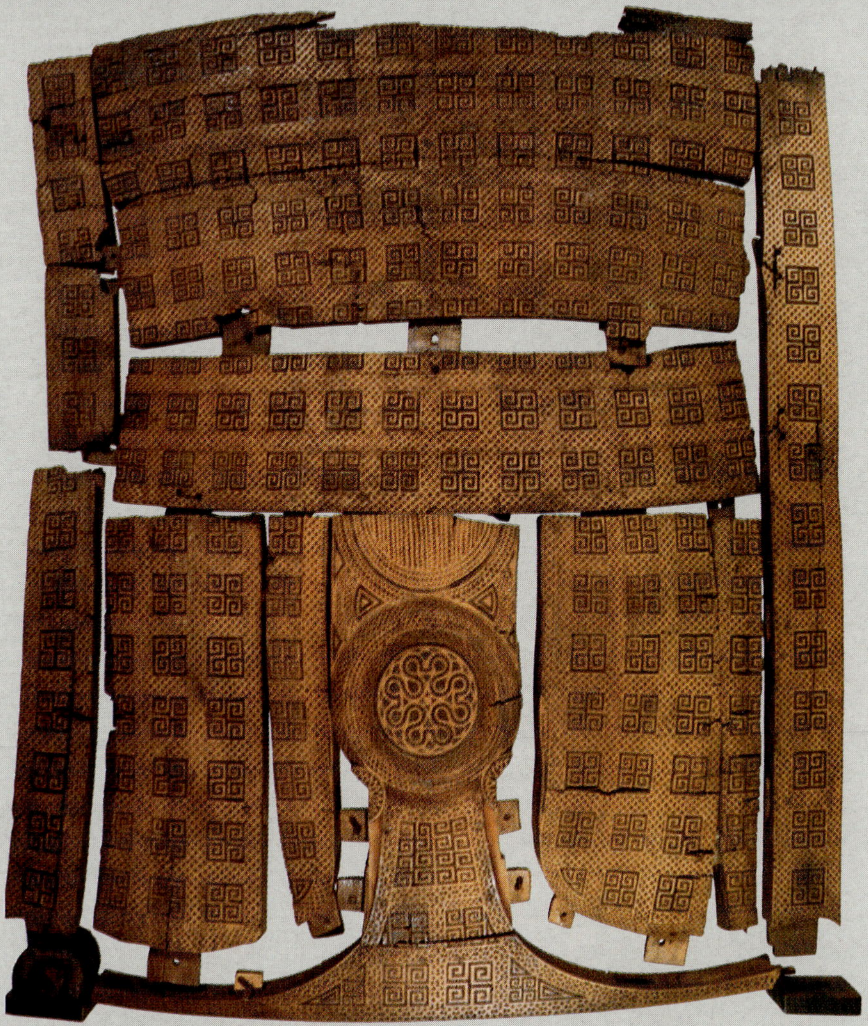

Le carré orné de méandres, ci-dessous, est l'un des deux types de motifs usités par les marqueteurs dans les 192 carrés qui couvrent le dressoir reproduit à gauche. Grâce à une subtile disposition des baguettes et des lignes brisées dans les carrés, les artisans introduisaient des variations qui rehaussaient l'ensemble de la composition.

Après des travaux de conservation et de nettoyage et malgré la légère dégradation des fragments du dressoir ci-dessus, une impression d'harmonie et d'équilibre se dégage des rangées régulières de carrés incrustés sur le fond quadrillé. Lorsqu'on examine attentivement les carrés, leur similitude n'est qu'un leurre, et leur diversité donne une dynamique secrète à cette œuvre faussement symétrique.

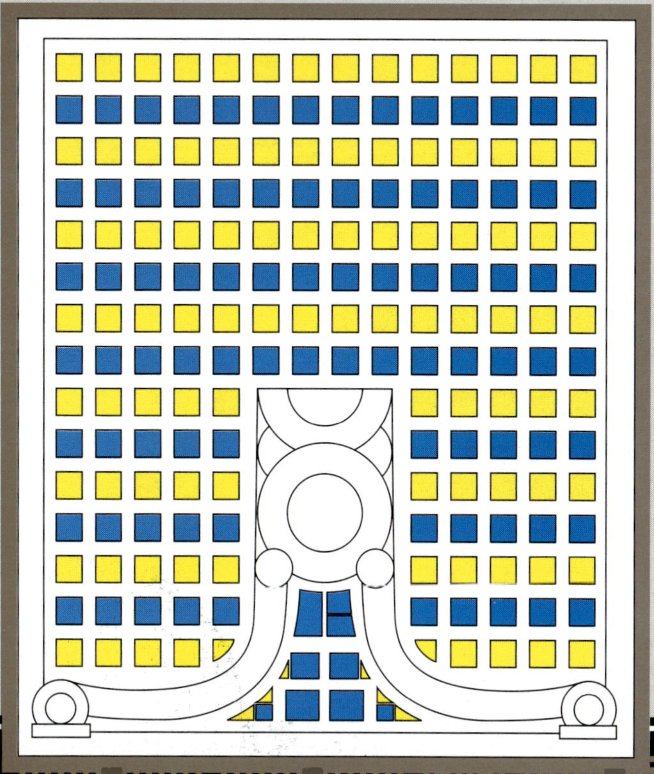

Parmi les éléments qui contribuent à la beauté singulière du dressoir, deux types de motifs incrustés s'alignent en rangées alternées, comme indiqué sur le schéma de droite, où le jaune représente les carrés à méandres et le bleu les dessins en forme de svastika. Pour varier leurs effets, les marqueteurs leur ont en outre fait subir des rotations de 90 ou de 180 degrés.

LA TABLE DE GORDION RECONSTITUÉE

Lorsqu'elle a été découverte en 1957, la table marquetée s'était effondrée, et les vases en bronze posés dessus étaient éparpillés sur le sol. Mais elle avait chu de telle sorte que les spécialistes ont réussi à reconstituer sa forme carrée.

Elizabeth Simpson et Nazif Uygur injectent un agent de liaison dans le châssis de plexiglas servant de support à la table marquetée. Dix-huit renforts verticaux tel celui-ci ont été disposés sur le pourtour de la partie supérieure.

Témoignage tant des compétences de nos restaurateurs contemporains que de la maîtrise des ébénistes de l'Antiquité phrygienne, la table marquetée – que Young a baptisé non sans humour table de pagode du fait qu'elle lui rappelait les pagodes asiatiques – a exigé plus de cinq ans d'un patient travail de recherche, de conservation et d'assemblage. Le premier traitement qui lui a été appliqué a provoqué un effet de rétrécissement et de dislocation, si bien qu'il fallut une autre opération de conservation avant de pouvoir procéder à nouveau à l'assemblage.

La table est constituée de quarante pièces, adroitement assemblées par tenons et mortaises. Le châssis et les pieds sont en buis, les marqueteries en genévrier. Le dessus, désintégré, était en noyer. La table a trois pieds et elle est munie de quatre poignées, ce qui suggère qu'elle était portative et servait lors des banquets. Les trois pieds assuraient sa stabilité sur un sol inégal.

Tout comme les dressoirs, la table est révélatrice du goût sophistiqué des Phrygiens: elle est incrustée de motifs en forme de rosette juxtaposés à des dessins rectilignes ou traçant des labyrinthes. Aux yeux d'Elizabeth Simpson, la disposition et la diversité des motifs introduit la symétrie avant de la subvertir – un jeu qu'elle suppose intentionnel. En jouant avec les motifs, les Phrygiens obtenaient un effet de surprise et limitaient l'aspect répétitif. Tout ceci contribue à faire de la table de Gordion une étonnante œuvre d'art qui témoigne de la puissance créatrice des ébénistes qui l'ont réalisée.

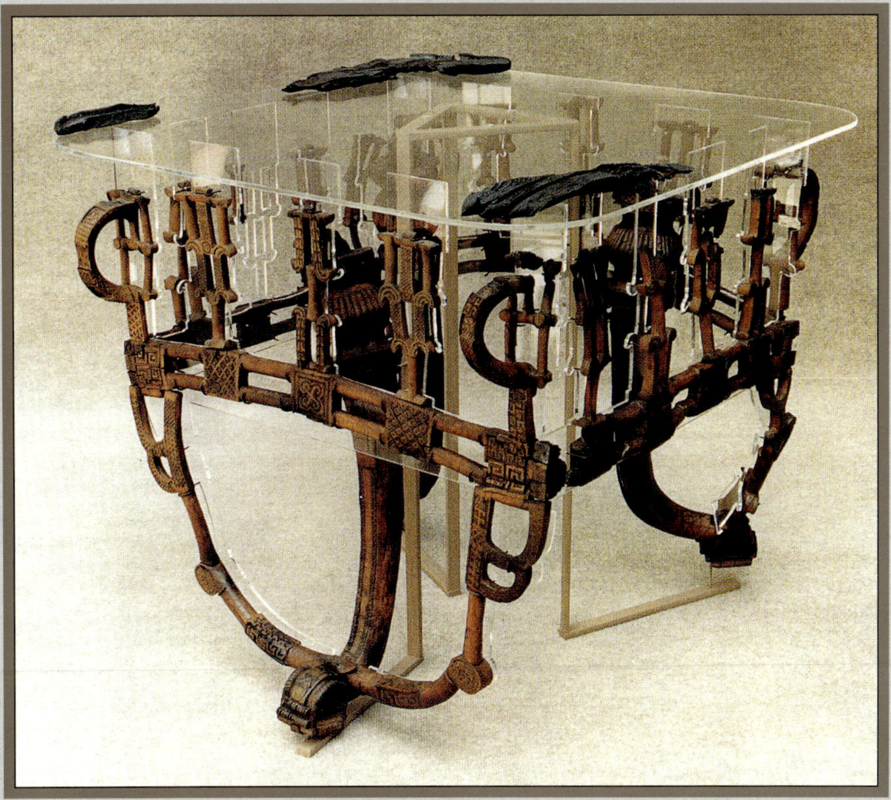

Entièrement restaurée, la table marquetée est exposée à Ankara, au Musée des civilisations anatoliennes. Elle est surmontée d'une plaque en plexiglas sur laquelle reposent les rares vestiges de son dessus d'origine en noyer. Elle mesure 63,5 centimètres de hauteur et 79 centimètres de largeur.

Le croquis dressé par Elizabeth Simpson de la table marquetée à trois pieds montre à quoi elle ressemblait à l'origine. Il traduit la complexité de ses lignes et l'imagination des ébénistes qui l'ont conçue. Le pied avant est soutenu par un renfort incurvé qui semble soulever le châssis du sol. La juxtaposition des formes sculptées et des motifs incrustés ajoutent encore à la beauté fascinante de ce chef-d'œuvre.

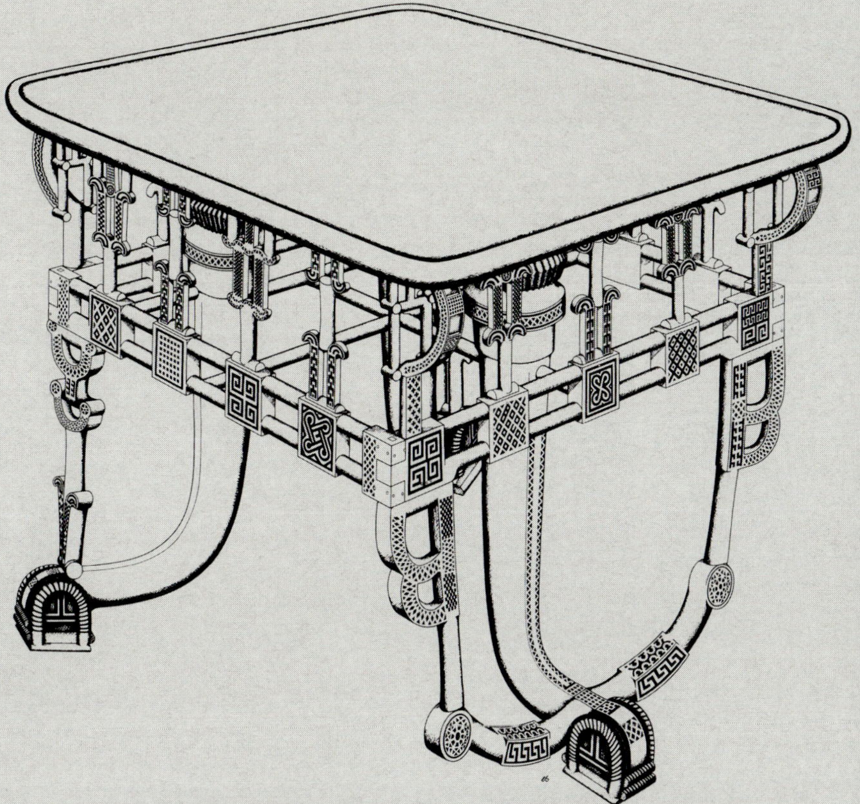

Le renfort ouvragé ci-dessus, qui relie la table à son pied arrière gauche terminé par des griffes, a une forme très incurvée. Chaque renfort de pied est orné de losanges et de triangles en genévrier formant des motifs variés.

Q U A T R E

LES GRECS D'ASIE, PIONNIERS DE LA CIVILISATION

En face de l'île de Samos, le long de la côte ouest de la Turquie, se dresse un promontoire dominé par le mont Mycale. C'est là que la flotte grecque a écrasé les forces navales perses en 479 av. J.-C., le jour même de la victoire terrestre de Platées. À quelque distance du sommet se trouve une petite hauteur appelée Otomatik Tepe, littéralement la «colline automatique», qui doit son nom aux mitrailleuses qu'elle a abritées, notamment pendant la Première Guerre mondiale et le conflit consécutif entre la Grèce et la Turquie. En 1957, des archéologues allemands ont retrouvé à cet emplacement le site du Panionion, le bois sacré où tous les Ioniens avaient coutume de se réunir, il y a plus de deux mille cinq cents ans, pour discuter des affaires communes et célébrer la fête de Poséidon, le dieu des Mers qui commande aux flots, provoque les orages, ébranle les rochers d'un coup de son trident et fait jaillir les sources.

Les chercheurs y exhumèrent les vestiges d'une salle de réunion bordée sur trois côtés de rangées de gradins où prenaient place les représentants des douze villes de l'amphictyonie ionienne. La découverte était de taille, même si les quelques sièges de pierre grise n'avaient à première vue rien d'impressionnant. En effet, avec le Panionion, les Grecs qui ont colonisé le littoral occidental de l'Anatolie ont presque réussi à se doter d'un centre politique unique, et les historiens de l'Antiquité se sont fait l'écho des orateurs qui s'y sont illustrés.

Ce pichet à vin, haut de 38 centimètres, date de 635 av. J.-C. Il illustre le mélange entre les cultures qui s'est produit dans les cités ioniennes de l'Anatolie. Le potier s'est inspiré de la céramique grecque pour la forme et a choisi pour le décor des motifs orientaux.

Les Ioniens n'ont été que les initiateurs d'un grand mouvement de colonisation venu de la Grèce qui a transformé l'ouest de l'Anatolie vers 1000 av. J.-C. À peu près à la même époque, deux autres vagues d'envahisseurs – les Éoliens puis les Doriens – ont traversé la mer Égée pour fuir l'agitation et le désordre qui régnaient alors en Europe. Chacun de ces groupes issus d'une région bien distincte de la Grèce a conservé son identité une fois qu'il s'est installé en Asie Mineure; c'est pourquoi les Grecs d'Asie parlaient tous la même langue, mais avec un accent très différent selon leur origine.

En dépit du nombre restreint de leurs habitants, les colonies grecques de l'Anatolie devaient jouer un rôle capital dans l'histoire de la civilisation, et cela bien avant l'apparition du plus grand conquérant de l'Antiquité, Alexandre le Grand, dont tout le monde s'accorde à reconnaître qu'il a largement contribué à la diffusion de l'hellénisme. La Grèce d'Asie ne fut-elle pas la patrie d'Homère, l'aède qui composa l'*Iliade* et l'*Odyssée,* de l'astronome Thalès de Milet et de Pythagore, mathématicien et moraliste renommé entre tous? Elle donna le jour aux premiers sculpteurs grecs capables de fondre des statues en bronze, à des potiers de grand talent et à des architectes de génie qui contribuèrent à l'élaboration de l'élégant style ionique. La taille et la magnificence des monuments dont ils ont orné leurs cités ont émerveillé les voyageurs de l'Antiquité. Deux de leurs réalisations, le mausolée d'Halicarnasse et le temple d'Artémis à Éphèse, figurent d'ailleurs au nombre des Sept Merveilles du monde recensées par les Anciens.

Les Grecs d'Asie étaient aussi de hardis navigateurs qui, en dépit de la petite taille de leurs bateaux, n'hésitaient pas à s'aventurer vers des rivages lointains. Des marchands hellènes originaires d'Anatolie sillonnaient la mer Méditerranée sur des vaisseaux lourdement chargés de denrées de luxe, d'éponges, de poteries et de vin. Certains eurent même l'audace de franchir le détroit de Gibraltar pour faire du commerce avec les populations de la côte atlantique de l'Espagne. Des Grecs établis en Asie Mineure quittèrent à leur tour l'Anatolie pour fonder de nouvelles colonies. D'audacieux marins originaires de la petite ville de Phocée, située à une trentaine de kilomètres de Smyrne, prirent la mer vers l'ouest et fondèrent Marseille. D'autres traversèrent le Bosphore pour explorer les pourtours de la mer Noire. Les descriptions qu'ils firent à leur retour des richesses dont cette partie du monde était censée regorger donnèrent naissance au mythe de Jason et de la Toison d'or. Vers 700 av. J.-C., des colons grecs d'Anatolie, attirés par leurs récits fabuleux, affluèrent vers le Pont-Euxin, nom sous lequel les Anciens désignaient par antiphrase – *euxeïnos* signifiant «hospitalier» – la mer Noire aux eaux brumeuses et souvent agitées.

Sur les côtes de l'Asie Mineure, les Grecs rencontrèrent des populations autochtones ou qui les avaient précédés en Anatolie, notamment les Mysiens, les Cariens, les Lysiens et les Lydiens. Chacun de ces groupes occupait un territoire bien défini et, dans l'ensemble, il n'y eut pas de conflit avec les nouveaux venus. Certains, comme les Cariens, se mélangèrent avec les Grecs, alors que d'autres, comme les Lyciens, gardèrent toujours soigneusement leurs distances pour sauvegarder leur indépendance. Mais aucun ne resta insensible à l'attrait de la civilisation grecque, en particulier à son système d'écriture et plus encore à son organisation politique en cités – en grec *polis*. Finalement l'hellénisme étendit son influence non seulement le long des côtes de la mer Égée et de la Méditerranée mais également dans toute l'Anatolie et même au-delà.

Les colons trouvèrent dans leur patrie d'adoption des conditions de vie beaucoup plus favorables que dans les régions où ils vivaient auparavant. Les hivers y étaient nettement plus doux que dans la plus grande partie de la Grèce continentale et le sol plus fertile du fait des pluies abondantes. Les nouveaux venus plantèrent donc des arbres fruitiers, des oliviers et de la vigne et utilisèrent le bois des forêts qui couvraient les collines proches pour construire leurs maisons et leurs bateaux.

Cependant, la configuration géographique particulière de la région n'avait rien pour favoriser la constitution d'un État unifié. Le littoral est très étroit et profondément découpé; seules quatre grandes vallées – celles du Méandre, du Caystre, de l'Hermos et du Caïque – permettent de franchir les montagnes escarpées qui mènent jusqu'au plateau central anatolien. La plupart des établissements installés sur la côte étaient séparés les uns des autres par un relief très accidenté qui ne les incitait guère à s'aventurer vers l'intérieur du pays. Les communautés qui ont fleuri en Asie Mineure n'ont donc eu aucun mal à conserver leur identité culturelle et elles n'étaient guère tentées de s'unir pour former des groupes plus importants, si bien que leurs ennemis ont eu facilement raisons d'elles.

C'est en raison du morcellement de la Grèce d'Asie et de son absence d'unité que ses habitants sont tombés à diverses reprises sous la coupe de souverains ambitieux. Les premiers à se manifester furent les rois de Lydie, qui attaquèrent les cités grecques du littoral dès le VIIe siècle av. J.-C. Ils furent bientôt suivis par les Perses. En 546 av. J.-C., Cyrus le Grand écrasa Crésus, le dernier des monarques lydiens, et intégra du même coup à l'empire des Achéménides les villes grecques que les Lydiens avaient déjà annexées. Sardes, la fabuleuse capitale de Crésus, devint le siège d'une satrapie perse.

Les cités de la Grèce d'Asie recouvrèrent, au moins en théorie, leur indépendance après la tentative désastreuse d'invasion de la Grèce continentale par Xerxès et les deux défaites que les Grecs infligèrent aux Perses à Salamine en 480 av. J.-C. et à Platées, un an plus tard. Mais dans les faits, elles passèrent sous la domination d'Athènes, qui avait joué le rôle principal dans la victoire des Grecs sur la Perse. Les Athéniens commencèrent bientôt à traiter leurs alliés comme des sujets et à devenir si exigeants que la plupart des cités grecques d'Anatolie ne furent pas mécontentes lorsqu'elles se trouvèrent à nouveau dans la mouvance perse. Elles vécurent ainsi pendant une bonne partie du IVe siècle av. J.-C., jusqu'à ce qu'Alexandre le Grand mît un terme définitif à l'empire des Achéménides.

La mort soudaine du conquérant macédonien à Babylone en 323 av. J.-C. marqua le début d'une période de désordres et de confusion. Alexandre le Grand n'ayant pas désigné de successeur, ses généraux se disputèrent en des guerres interminables l'immense empire qu'il avait laissé. L'Asie Mineure finit par être découpée en une série de petits royaumes comme celui de Pergame, qui contrôla pendant un temps la plus grande partie de la côte de la mer Égée. Mais au IIe siècle avant notre ère, une nouvelle puissance, Rome, entreprit d'établir son hégémonie sur tout le Bassin méditerranéen. Et quand Attalos III, dernier souverain de Pergame, légua son royaume à la république romaine, en 133 av. J.-C., il décida du sort des habitants d'une grande partie des côtes de l'Asie Mineure pour les cinq siècles suivants.

En fait, la présence hellène en Anatolie remonte à un passé si lointain que l'histoire des Grecs d'Asie est pratiquement indissociable de celle de la Grèce continentale. Les premiers colons ont débarqué au Proche-Orient presque un millénaire avant que Pergame ne devienne romaine. Ils se sont installés sur le continent asiatique entre le XIIIe et le XIIe siècle av. J.-C., pendant la période obscure qui a suivi l'effondrement de la florissante civilisation mycénienne. Le problème de la date de leur arrivée a fait l'objet de nombreuses controverses. Les vestiges les plus anciens de leur passage retrouvés sur place sont des poteries de style protogéométrique, un style d'origine athénienne. Les archéologues ont découvert des tessons de ce type de céramique datant pour la plupart du Xe siècle av. J.-C. sur une demi-douzaine de sites de Ionie. Il semble donc que la première vague de migrants hellènes avait déjà fait son apparition en Anatolie mille ans avant notre ère, alors même qu'Athènes n'était encore qu'un petit village.

Cependant, les études menées par les chercheurs ont montré qu'il y avait eu auparavant des contacts entre le littoral de la mer Égée et les civilisations de Mycènes et de la Crète. Des fouilles effectuées dans plusieurs îles grecques situées au large de l'Anatolie ainsi qu'à Éphèse, Colophon et Milet ont révélé la présence de poteries mycéniennes. On a également trouvé à Milet un établissement entouré d'un imposant rempart datant de l'âge du bronze qui, selon certains historiens, pourrait correspondre à la ville de Millawandas mentionnée dans des textes hittites du XVe siècle av. J.-C. À en croire ces documents, Millawandas était le siège du représentant d'un souverain très puissant qui régnait sur le royaume d'Ahhiyawa, situé semble-t-il au-delà des mers et identifié par certains spécialistes avec l'Argolide achéenne, principal foyer de la civilisation mycénienne.

Les poteries les plus anciennes trouvées à Milet prouvent que la région a entretenu des contacts avec la Crète et Mycènes dès le XVe siècle av. J.-C. L'établissement qu'on y a mis au jour semble avoir survécu à la disparition des centres de la culture mycénienne de la Grèce continentale avant d'être détruit à son tour environ un siècle plus tard. Homère mentionne la ville de Milet dans l'*Iliade,* mais il en parle comme d'une cité

MERVEILLE ENTRE LES MERVEILLES

Le poète grec Antipater considérait le temple d'Artémis à Éphèse comme la plus extraordinaire des Sept Merveilles du monde. Il était si enthousiaste à son sujet qu'il a même écrit que l'édifice «reléguait dans l'ombre» les six autres monuments les plus célèbres de l'Antiquité. Quand il fit cette déclaration, vers 130 av. J.-C., le temple d'Artémis existait encore. Mais au XVIIIe siècle, lorsque l'architecte Johann Fischer von Erlach a tenté de le reconstituer *(ci-dessous, à droite),* il ne disposait plus que des descriptions laissées par les auteurs classiques et des représentations figurant sur des pièces de monnaie de l'Antiquité.

Aujourd'hui, on en sait beaucoup plus grâce aux fouilles effectuées sur place. L'étude des vestiges des fondations du temple – qui mesurait à l'origine quelque soixante-dix-huit mètres de largeur sur cent trente de longueur – a montré que la façade du monument se composait de huit colonnes sur lesquelles reposait un énorme fronton. À en juger par les tambours de colonnes sculptés retrouvés sur le site, tel celui à l'extrême droite, il semble que celles-ci devaient être richement décorées. Mais ces sculptures se trouvaient-elles en haut ou en bas des colonnes? Nul ne peut répondre à cette question, bien que sur le dessin à l'arrière-plan, un archéologue allemand contemporain ait pris le parti de les faire figurer à hauteur du regard.

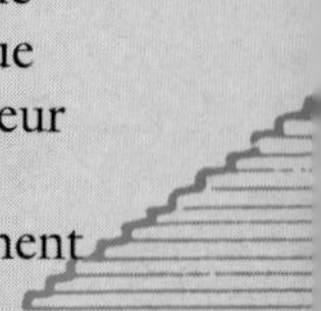

carienne. Hérodote écrit lui aussi que les premiers colons ioniens auraient trouvé l'endroit occupé par des Cariens. Il ajoute même que les nouveaux venus n'ayant emmené aucune personne de sexe féminin avec eux, ils s'empressèrent de massacrer tous les hommes qui vivaient sur place pour s'approprier leurs femmes. Voilà pourquoi, toujours d'après l'historien grec, les habitantes de Milet ont longtemps refusé de prendre leurs repas en compagnie de leur époux ou de les appeler par leur nom.

Tout semble indiquer que pendant un certain temps les Grecs ont disparu des côtes du Proche-Orient pour des raisons mystérieuses. Si bien que l'hypothèse, émise par quelques spécialistes, selon laquelle une première vague d'émigrants aurait été envoyée en Asie Mineure pour soutenir les populations grecques ne paraît guère plausible. Quoi qu'il en soit, il est fort possible que les colons aient su qu'il y avait eu avant leur arrivée des contacts entre la Grèce continentale et leur nouvelle patrie. D'ailleurs, les spécialistes ont la certitude que le littoral anatolien ne leur était pas totalement inconnu et qu'il avait été déjà exploré par des pêcheurs et des marchands grecs.

Conformément aux récits des historiens de l'Antiquité, les colons grecs appartenant à la première des trois vagues qui ont déferlé sur l'Anatolie étaient des Éoliens originaires de Thessalie et de Béotie, deux régions situées respectivement au nord et au centre de la Grèce. Les voyageurs qui ont visité la Grèce d'Asie bien des siècles plus tard ont affirmé que leurs descendants parlaient un dialecte similaire à celui de leurs ancêtres du continent européen. Les premiers établissements fondés par les Éoliens se trouvaient tous sur l'île de Lesbos, à quelque vingt-cinq kilomètres de distance des côtes de l'Asie Mineure. Mytilène, la ville principale de l'île, est restée un centre florissant pendant et même après l'Antiquité.

Non loin de là, en direction de l'est, vivaient des populations autochtones au caractère belliqueux, les Mysiens, qui résistèrent si bien aux incursions des envahisseurs qu'ils parvinrent à retarder leur expansion dans la région. C'est pourquoi les Éoliens étendirent leur territoire vers le sud-est, où ils fondèrent Pitane et Cyme, ainsi que vers le nord. Ils établirent ainsi leur domination sur une zone comprise entre les Dardanelles et Assos, une citadelle entourée par un mur de pierre de près de cinq kilomètres de longueur. Ils firent revivre l'antique cité d'Ilion, détruite et abandonnée à l'issue de la guerre de Troie ainsi qu'il est rapporté dans l'*Iliade* d'Homère.

Toutefois, les Éoliens furent rapidement éclipsés par de nouveaux arrivants, les Ioniens, qui s'installèrent plus au sud sur le littoral anatolien. Mis à part les habitants de Lesbos et de quelques autres établissements voisins, la plupart des colons éoliens, dépourvus d'esprit d'aventure, ont simplement mené une vie d'agriculteurs. Jusqu'à ce que Mytilène tombe sous la coupe d'Athènes, au Ve siècle av. J.-C., ils n'ont guère fait preuve de curiosité intellectuelle, d'inventivité ou même de goût pour le commerce, surtout si on les compare avec leurs cousins du sud de l'Anatolie. Ils se sont apparemment soumis sans résistance aux Lydiens, aux Perses, puis à Alexandre le Grand avant d'être annexés par le royaume de Pergame et de faire partie de la province romaine d'Asie.

Les Ioniens, pour leur part, étaient d'un tempérament nettement moins pacifique que les Éoliens. À en croire des auteurs de la fin de l'Antiquité comme les géographes grecs Strabon et Pausanias, tous deux originaires d'Asie Mineure, ils seraient d'abord arrivés par le nord du Péloponnèse pour se fixer pendant quelque temps en Attique. Ils auraient ensuite pris la mer pour se diriger vers l'est en plusieurs groupes conduits par des fils de Codros, le dernier des rois légendaires d'Athènes, mort volontairement au combat pour assurer à son peuple la victoire promise par un oracle. Si rien ne prouve que le fameux souverain athénien a vraiment existé, les spécialistes ont remarqué qu'il y avait indiscutablement des points communs entre les habitants de l'Attique et ceux de l'Ionie, notamment en ce qui concerne les fêtes, la religion et le calendrier. Qui plus est, les Ioniens accordaient une importance extrême à leurs liens avec Athènes, au point que ceux d'entre eux dont le lignage remontait jusqu'à un Athénien jouissaient d'un statut spécial. Selon Hérodote, les Grecs d'Asie dont les ancêtres faisaient partie des familles nobles ayant quitté Athènes pour l'Anatolie se considéraient comme des Ioniens de pure souche.

À priori sans aucune information particulière, les colons ioniens s'installèrent dans une zone particulièrement favorable du littoral anatolien. Comme l'explique Hérodote, «ils ont eu la chance de s'établir dans une région bénéficiant du climat le plus agréable qui soit. Celui-ci n'a ni les défauts du nord du pays, où le temps est froid et humide à l'excès, ni ceux du sud, qui est à la fois trop chaud et trop sec».

Cette partie de la côte de l'Anatolie avait cependant une particularité qui devait s'avérer à la longue catastrophique pour les sites de l'Ionie. Les nouveaux venus se sont en effet installés très souvent à proximité de l'embouchure de torrents de montagne. Quand l'eau de pluie dévalait, elle charriait fréquemment avec elle d'énormes quantités de boue qu'elle venait déposer sur le rivage, où se formaient alors de grandes étendues de vase. L'envasement progressif du littoral a fini par couper certaines villes de la mer, dont elles dépendaient pour leur subsistance, et parfois même par menacer de les engloutir. Voilà pourquoi quantité de ports jadis florissants se trouvent aujourd'hui à l'intérieur des terres. Éphèse, par exemple, est maintenant située à quelque dix kilomètres de la côte, tandis qu'à Milet, on n'aperçoit plus la mer que du haut des collines avoisinantes.

Les premiers colons ont généralement commencé par s'installer prudemment sur des îles proches du rivage ou à l'extrémité de péninsules, par crainte de s'aventurer trop avant sur un continent qu'ils croyaient habité par des populations hostiles. Mais ils ont rencontré beaucoup moins de résistance qu'ils ne craignaient. Il semble en fait que les côtes de l'Anatolie n'étaient guère peuplées et que les indigènes trouvés sur place par les Grecs n'étaient pas assez organisés pour constituer une véritable menace.

De tous les peuples anatoliens dont il est fait mention dans les écrits de l'Antiquité, les Cariens étaient de loin les plus nombreux. Leur territoire, qui se trouvait au sud des terres occupées par les Ioniens, s'étendait de Milet, sur la mer Égée, jusqu'à la frontière de la Lycie, sur la côte méditerranéenne. Les Grecs croyaient que les Cariens vivaient à l'origine dans des îles et qu'ils naviguaient sur les bateaux de Minos, le roi de Crète. Les habitants de la Carie étaient en effet d'excellents marins, qui n'hésitaient pas à s'enrôler comme mercenaires ou même à se livrer à la piraterie. D'après certains spécialistes, ils seraient les descendants des Karkisa, un peuple de la fin de l'âge du bronze qui aurait combattu avec les Hittites contre le pharaon Ramsès II à la bataille de Kadesh. Les archéologues, de leur côté, ont trouvé des tessons de céramique qui leur permettent de supposer que les Cariens ont entretenu des relations étroites avec la Crète et la civilisation mycénienne. Quant à l'*Iliade,* elle qualifie de «barbare par son langage», ce peuple qu'elle met au nombre des alliés des Troyens.

Les Cariens, qui vivaient à l'intérieur des terres dans des villages et dans quelques rares villes, étaient surtout des agriculteurs, dont certains possédaient une grande quantité de terres. Selon Hérodote, ils faisaient aussi d'excellents guerriers, auxquels les Grecs auraient emprunté le cimier de leurs casques et les poignées de leurs boucliers, jusque-là dépourvus de décorations et simplement passés à l'épaule. Les habitants de la Carie finirent même par avoir la réputation d'excellents mercenaires. Le peu que l'on sait de la langue de ce peuple provient d'ailleurs des graffitis qu'ont tracés sur les jambes des énormes statues d'Abou Simbel en Égypte au début du VIe siècle av. J.-C. des soldats cariens et ioniens engagés par le pharaon Psammétique pour participer à une expédition contre la Nubie.

Si le talent des Cariens au combat leur a permis de tenir une grande partie de leur territoire à l'abri des envahisseurs, il semble en revanche qu'ils étaient trop peu nombreux pour défendre de façon efficace leur littoral contre les colons grecs. C'est ce qui expliquerait que des établissements puis des villes hellènes aient pu prospérer aussi rapidement. Les Ioniens abandonnèrent certaines de leurs bases insulaires pour s'enfoncer dans l'intérieur des terres, mais en restant le plus souvent à une distance des côtes inférieure à cinquante kilomètres. Ainsi naquirent les cités-États autonomes de la Grèce d'Asie, qui ressemblaient à celles des colonies grecques.

Au sud de l'Ionie, les traces laissées par des populations grecques proviennent d'une troisième vague d'émigration vers l'Asie, composée cette

PRIÈNE: UNE CITÉ ABANDONNÉE

Au IVe siècle av. J.-C., les dirigeants de Priène décidèrent de transférer leur ville à un autre emplacement que celui qu'elle occupait depuis six siècles près de l'embouchure du sinueux Méandre – d'où le nom commun méandre tire son origine. Le site, envahi par les alluvions que le fleuve ne cessait de déposer à chaque inondation, était en effet devenu inhabitable. La nouvelle cité fut bâtie une trentaine de mètres plus haut, sur un étroit contrefort rocheux situé entre le mont Mycale *(ci-dessous, à droite)* et les pentes abruptes qui dominent la plaine.

Les architectes de la seconde Priène ont orienté la ville vers le sud, sans doute pour la rendre plus agréable. En hiver, les rayons du soleil réchauffaient les places publiques et l'intérieur des maisons, tandis qu'en été ils n'atteignaient plus que les toits, du fait de la position élevée de l'astre solaire dans le ciel. En dépit des problèmes de dénivellation et d'asymétrie que posait le terrain, les bâtisseurs ont construit la cité suivant le plan quadrillé mis en œuvre un siècle plus tôt par Hippodamus, architecte de Milet. Sept grandes avenues orientées d'est en ouest coupaient à angle droit quinze rues disposées suivant un tracé nord-sud. La pente des rues était souvent si raide qu'il a fallu y aménager des escaliers.

À l'endroit le plus élevé de la cité se dressait un temple consacré à la déesse Athéna, sans doute parce que les premiers habitants de Priène étaient originaires d'Athènes. Ce monument remarquable, tant par l'harmonie de ses proportions que par sa beauté, est l'oeuvre de Pythéos, l'architecte carien à qui l'on doit également le Mausolée d'Halicarnasse, l'une des Sept Merveilles du monde. Des trente-huit colonnes qui ornaient à l'origine le sanctuaire, seules cinq sont encore debout aujourd'hui *(ci-dessous)*. Le temple d'Athéna était d'un tel idéal esthétique que Pythéos le prit pour modèle, dans un traité d'architecture qu'il composa, quand il voulut donner un exemple de construction de style ionique.

À l'encontre des nombreuses villes de l'Ionie qui sont restées prospères pendant l'époque romaine, Priène a sombré dans le déclin, sans doute en partie parce qu'elle a été éclipsée par sa voisine, la puissante Milet. Elle n'a pas eu l'occasion de subir l'influence de l'architecture romaine, si bien que les vestiges que l'on peut admirer aujourd'hui donnent une idée à peu près exacte de l'aspect qu'elle devait avoir vers 350 av. J.-C. Le bon état de conservation des ruines de cette cité grecque d'Asie et les fouilles menées sur place par des archéologues allemands ont permis à un architecte de réaliser la maquette ci-dessus, où l'on voit un tiers de la ville de Priène au moment de son apogée. Au premier plan, se dressent le stade et le gymnase. Derrière ces édifices se trouvent des blocs d'habitations, à l'arrière desquels on distingue le marché et une longue galerie à colonnade *(stoa)*. Au fond, à gauche, on aperçoit le temple d'Athéna, alors que le théâtre se situe à l'arrière-plan, au centre.

Ce lion monumental se trouvait jadis sur le toit du Mausolée d'Halicarnasse. Il a été sculpté «avec un sens aigu du réalisme dans du marbre de la plus belle qualité», pour reprendre les termes d'une description d'un auteur classique. Les Anciens considéraient la tombe du roi Mausole comme l'une des Sept Merveilles du monde à cause de ses dimensions imposantes et de sa décoration somptueuse.

fois de Doriens. Ce peuple indo-européen, le dernier à avoir émigré en Grèce, est considéré comme responsable de la chute de Mycènes. Les Doriens s'étaient infiltrés dans les Cyclades méridionales, en Crète, à Rhodes et à Cos avant de fonder deux colonies sur des péninsules reliées au continent asiatique. Ainsi naquirent Cnide et Halicarnasse, deux sites qui, à en juger par les fouilles conduites par les archéologues, n'avaient jamais jusque-là été habités d'une façon permanente. Des inscriptions trouvées dans les deux villes tendent à prouver que leurs habitants entretenaient des relations très différentes avec les autochtones. En effet, si la moitié des noms mentionnés dans les textes d'Halicarnasse sont cariens, ce qui indique un mélange des populations, à Cnide, en revanche, la quasi-totalité des patronymes sont grecs, ce qui tend à démontrer que les colons doriens ne se sont pas mêlés aux Cariens.

De même que les Ioniens avaient fondé l'amphictyonie ionienne entre la fin du IXe et le début du VIIIe siècle av. J.-C., les Doriens ont eux aussi créé une confédération, l'Hexapole, regroupant six villes, dont Cnide et Halicarnasse, qui se réunissaient chaque année pour célébrer une grande fête en l'honneur d'Apollon. Le nombre des membres de l'Hexapole dorienne fut réduit à cinq après l'exclusion d'Halicarnasse. Hérodote, qui est né dans cette ville en 484 av. J.-C., explique que la confédération dorienne a pris une pareille sanction après qu'un athlète d'Halicarnasse eut rapporté chez lui la couronne qu'il avait gagnée aux jeux de la fête d'Apollon au lieu de l'offrir à la divinité, comme le voulait l'usage.

L'existence d'associations réunissant plusieurs villes prouve que les cités de la Grèce d'Asie, bien que dispersées le long des côtes de l'Anatolie, partageaient une même culture et un même mode de vie. Chacune d'elles était en général dominée par une citadelle, appelée acropole, située sur une hauteur facile à défendre; elle possédait aussi un théâtre, un stade, un gymnase comprenant un espace couvert où il était possible de s'entraîner en cas d'intempérie et des salles de cours réservées aux enfants; on y trouvait en outre une salle du conseil, plusieurs temples et une agora – grande place où l'on pouvait à la fois faire son marché, s'informer et échanger des opinions.

Les premiers colons ont assuré leur subsistance par l'agriculture, la pêche, l'élevage, la chasse et surtout les échanges. Le commerce a pris rapidement une telle expansion que l'on peut dire, pour reprendre les mots d'un spécialiste, que l'horizon des marchands de la Grèce d'Asie s'étendait «depuis la côte Atlantique et la Nubie jusqu'à Babylone et aux steppes de la Russie». Les habitants de Phocée, la plus septentrionale des villes ioniennes, furent les premiers à s'aventurer sur les mers pour coloniser de nouvelles terres. Si l'on en croit Hérodote, «ce sont eux qui ont ouvert la voie» vers l'Adriatique, le pays des Étrusques, sur la côte ouest de l'Italie et même le port de Tartessus, près de l'actuelle ville de Cadix, en Espagne. L'historien grec rapporte aussi que les Phocéens naviguaient souvent non sur des bateaux de commerce mais sur des galères manœuvrées par cinquante rameurs. Les archéologues ont récemment découvert en Andalousie un groupe de sculptures de style hellénique datant des environs de 450 avant notre ère, ce qui prouve que les marins intrépides de Phocée avaient colonisé cette région de l'Europe dès le Ve siècle av. J.-C.

Le développement remarquable du commerce a permis aux colons de s'intéresser à autre chose qu'à leur survie et de développer un art de vivre raffiné. Ils aimaient aller au théâtre, assister à des concerts et organiser des banquets où l'on buvait de bons vins tout en écoutant de la musique et en regardant évoluer des danseurs. Dans les stades, ils acclamaient les athlètes, notamment les coureurs, et jouaient au trictrac quand ils restaient chez eux. Ils habitaient dans de belles demeures où il faisait bon vivre, à en juger, par exemple, par les baignoires en terre cuite que l'on a mises au jour dans plusieurs maisons de Smyrne.

Les archéologues de l'École britannique d'Athènes et de l'université d'Ankara ont dirigé les premières fouilles de Smyrne, qui ont duré de 1948 à 1951, mais depuis 1966 c'est Ekrem Akurgal, le doyen de l'archéologie turque, qui a pris la direction des opérations. En fouillant Bayrakli, où se trouvait jadis l'antique cité, les chercheurs ont appris l'histoire de l'une des plus brillantes villes de l'Anatolie à l'époque hellénistique.

Les vestiges de la frise des Amazones du Mausolée d'Halicarnasse représentent, entre autres, un combat entre les Grecs et ce peuple fabuleux de femmes guerrières. Ci-dessous, une Amazone a le dessus sur son adversaire, alors qu'à droite l'issue de l'engagement semble plus indécis. Les Grecs croyaient que les Amazones vivaient au bord de la mer Noire, autrement dit dans la région qu'ils considéraient comme la plus reculée du monde.

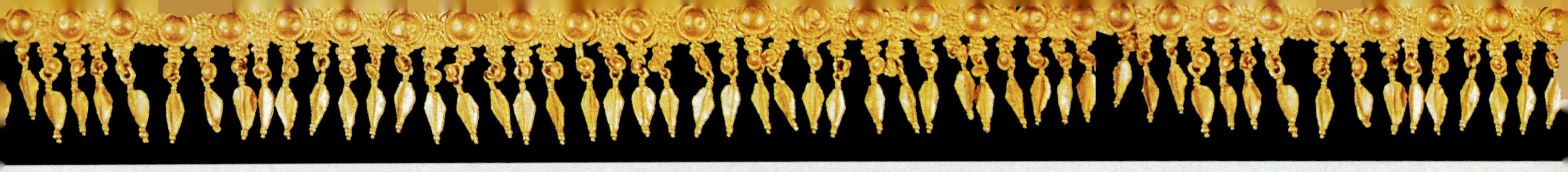

Des archéologues examinent l'intérieur du sarcophage d'Halicarnasse au moment de son ouverture. Les vestiges qu'ils y ont trouvés situent la sépulture à une période entre 360 et 325 av. J.-C. À gauche du crâne, on voit un diadème en or qui étincelle au soleil. Les spécialistes ont reconstitué la tête en bronze de la défunte (cartouche) *à partir de son crâne.*

UNE TOMBE DIGNE D'UNE REINE

Au cours du printemps de l'année 1989, des ouvriers qui travaillaient sur un chantier dans la ville de Bodrum, en Turquie, là où se dressait jadis la cité carienne d'Halicarnasse, ont mis au jour une sépulture très ancienne. Les archéologues appelés sur place ont découvert un sarcophage en pierre qui contenait le squelette très bien conservé d'une femme d'une quarantaine d'années.

La tombe contenait aussi une grande quantité d'objets en or, entre autres des bagues, des bracelets, une couronne et une paire de colliers, dont l'un figure tout en haut des pages de droite et de gauche.

À en juger par le nombre des bijoux de grande valeur qui accompagnaient la défunte et le bon état de sa dentition, l'occupante de la sépulture devait être de sang royal. Cette hypothèse a été confirmée par les travaux de chercheurs qui ont reconstitué la tête de la morte à partir de son crâne. On s'est en effet aperçu que son visage ressemblait à s'y méprendre à celui de la reine Artémise, la sœur-épouse du roi Mausole et la mère adoptive d'Alexandre le Grand.

Le splendide diadème en or ci-contre est orné de feuilles de myrte, de fleurs délicates et de fruits. Cette couronne, qui a fait l'objet d'une restauration, mesure à peine 23 centimètres de diamètre, si bien qu'elle devait s'ajuster parfaitement à la tête allongée et étroite de la femme à laquelle elle appartenait.

Les deux bracelets en or décorés de têtes d'antilopes ci-dessus paraient les poignets de l'occupante du sarcophage. Le squelette était parsemé de centaines de petits morceaux d'or qui étaient à l'origine cousus sur le vêtement de la défunte.

Les perles en forme de fleur en bouton du collier en or ci-dessus rappellent le motif floral du diadème. Quant à la bague en or et en agate, à droite, elle est ornée d'un portrait d'Apollon.

Entre la paroi de la chambre funéraire et le pied du sarcophage de la sœur-épouse du roi Mausole, les archéologues ont découvert un pichet à vin (oinochoe) de céramique noire mesurant 17 centimètres de hauteur. Les vases du même type trouvés sur d'autres sites datent tous de l'époque d'Artémise II, reine de Carie.

Ils savent maintenant que les premiers occupants du site, qui n'étaient pas des Grecs, se sont installés au cours de la première moitié du IIIe millénaire avant notre ère, qu'un autre peuple leur a succédé et que celui-ci a fait du commerce à la fois avec les Troyens et avec les Hittites.

D'après les nombreuses poteries de type protogéométrique trouvées sur le site de Smyrne, les premiers colons grecs, des Éoliens, sont arrivés au Xe siècle av. J.-C. Ils ont occupé un petit promontoire relié au continent par une chaussée. Ils vivaient dans des maisons en brique crue d'une seule pièce, dont les toits de chaume étaient pourvus d'orifices permettant l'évacuation de la fumée. Un siècle plus tard, leurs conditions de vie s'étaient nettement améliorées puisque le site avait été nivelé et entouré d'un puissant rempart, à l'abri duquel résidaient cinq cents familles. D'après Hérodote, au VIIIe siècle av. J.-C., des réfugiés originaires de la cité de Colophon auraient demandé asile à Smyrne et se seraient emparés de la cité un jour que les habitants célébraient une fête religieuse à l'extérieur de la ville.

La ville ionienne de Smyrne connut une période florissante pendant tout le VIIIe siècle. D'après la tradition, c'est là que serait né Homère. À en juger par les traces d'incendie relevées sur le site par les archéologues, la plus grande partie du port a été réduite en cendres aux alentours de l'an 700 av. J.-C., mais la cité fut rapidement reconstruite d'une façon plus rationnelle. Ses habitants la dotèrent d'un temple dédié à Athéna, décrit par l'archéologue turc Ekrem Akurgal comme «le plus ancien et le plus beau de tous les édifices religieux bâtis au Proche-Orient par les Grecs d'Asie».

Peu après 600 av. J.-C., Smyrne, dont l'histoire était déjà fertile en épisodes dramatiques, fut à nouveau frappée par le destin, sous la forme d'une attaque des Lydiens si dévastatrice qu'elle la réduisit pratiquement à néant. Pendant trois siècles, elle ne fit que végéter «à la manière d'un village», pour citer Strabon, cependant elle resta constamment habitée, comme l'ont montré les fouilles menées par les archéologues. L'antique cité ne fleurit à nouveau qu'en 334 av. J.-C., quand Alexandre le Grand transféra son site sur les pentes du mont Pagos, au sud de Bayrakli, à l'emplacement de l'actuelle Izmir. C'est là que devait s'épanouir la plus belle ville de l'Ionie de l'époque hellénistique, si l'on en croit ce qu'a écrit le géographe grec Strabon vers la fin du Ier siècle avant notre ère.

Milet, de son côté, a été très tôt victime d'attaques des Lydiens, dont elle aurait même subi les assauts pendant onze années consécutives avant que leurs dirigeants ne consentent à signer la paix conformément aux injonctions de l'oracle de Delphes. La ville, située à l'embouchure du Méandre, dans le golfe Latmique, se développa rapidement. Ne pouvant subvenir aux besoins de toute sa population, elle décida d'envoyer des colons vers la mer de Marmara, qui se trouve entre le détroit des Dardanelles et celui du Bosphore,

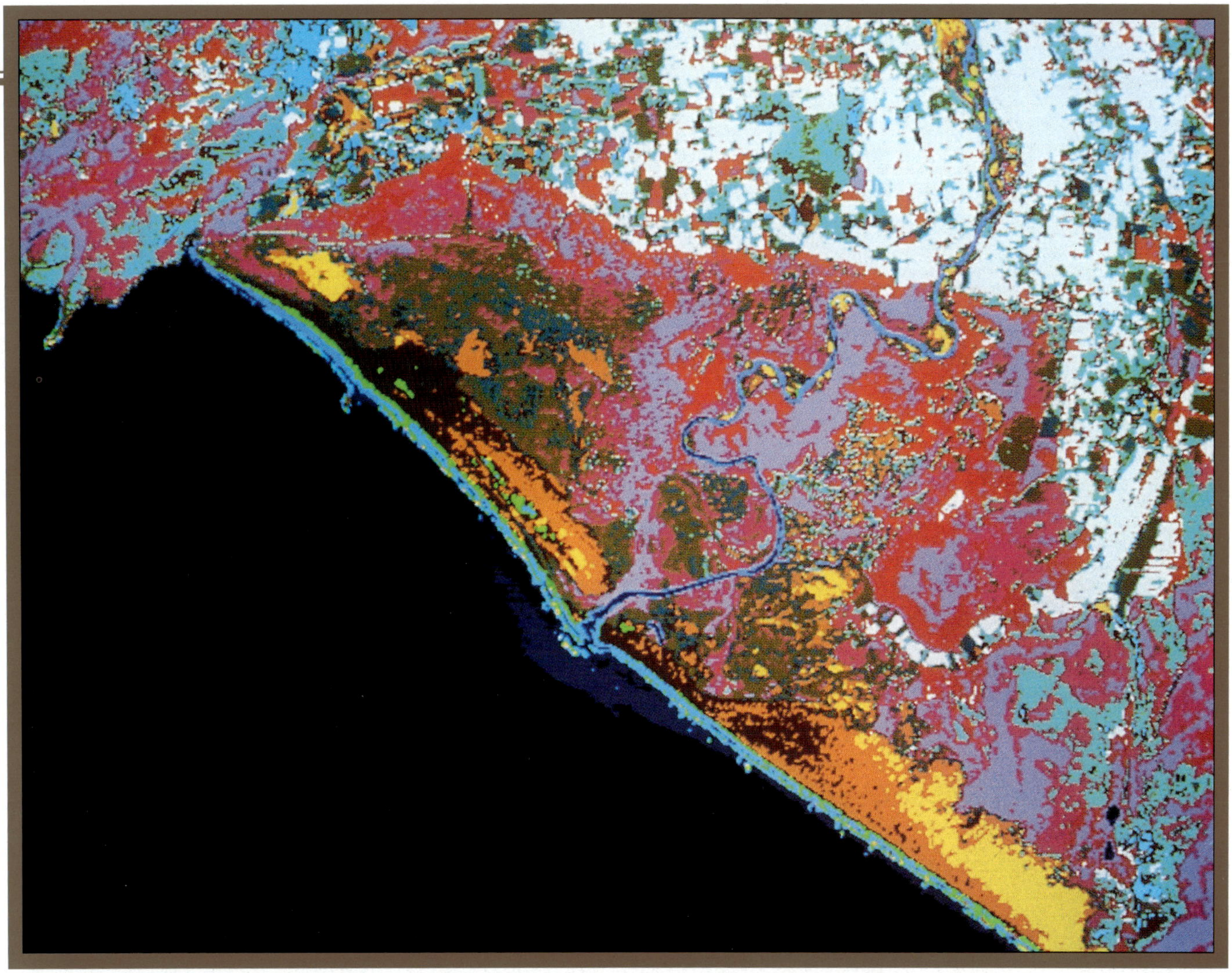

Cette photographie en couleur prise depuis un satellite met en évidence le problème de l'envasement du littoral de la Lycie. La ligne bleue, qui serpente de la gauche vers le centre du cliché, correspond au cours sinueux du Xanthos. Vers 500 av. J.-C., le plateau continental s'est effondré, créant une dépression matérialisée par un triangle rouge. Les sols des montagnes que les hommes avaient déboisées ont été balayés par les pluies et emportés par les fleuves vers la côte où toutes les traces d'établissements humains ont fini par être recouverts sous trois mètres de boue. Ce phénomène d'envasement n'a pas cessé: le triangle bleu foncé marque l'emplacement des dépôts récents apportés par le Xanthos dans la mer Méditerranée.

et même vers les rivages de la mer Noire. Un premier établissement fit son apparition, avec l'autorisation du roi de Lydie, à Abydos, à quelque trente-deux kilomètres au nord-est de Troie. D'autres colons milésiens s'établirent sur la côte de la mer de Marmara, avant que les plus audacieux d'entre eux ne franchissent le Bosphore et qu'une véritable colonisation du littoral de la mer Noire ne commence. Milet aurait ainsi fondé une soixantaine de colonies sur les côtes septentrionales de l'Asie Mineure.

Les Milésiens se sont également illustrés dans un tout autre domaine, celui de la philosophie. Selon la doctrine de Thalès, qu'Aristote considérait comme le premier des philosophes ioniens, il existerait une seule substance primordiale, l'eau, dont tout procéderait. Thalès de Milet, qui était aussi mathématicien, physicien, astronome et géographe, aurait rapporté d'Égypte en Grèce les principes de la géométrie. Il est également resté célèbre pour avoir exprimé la hauteur des pyramides d'Égypte à partir de leur ombre et annoncé une éclipse du soleil qui s'est effectivement produite. Las de s'entendre reprocher qu'il ne s'occupait que de questions abstraites, il décida de prouver l'efficacité concrète de son savoir en louant tous les pressoirs à olives de la ville avant la récolte. Grâce à ses connaissances en astronomie, il avait calculé que la récolte serait particulièrement bonne, si bien que lorsque ses prévisions s'avérèrent exactes, ses adversaires furent contraints et forcés de reconnaître la supériorité de son savoir.

De toutes les cités de la Grèce d'Asie, Milet fut la seule qui réussit à tenir tête aux Perses pendant une génération. Et quand elle passa sous la domination perse, ses habitants se montrèrent pour le moins indociles. En 499 av. J.-C., ils prirent la tête de la révolte de l'Ionie contre l'Empire achéménide et rallièrent à leur cause plusieurs villes, y compris Athènes, qui leur envoya une petite flotte en renfort.

Au début, la chance sourit aux rebelles, qui prirent Sardes et la réduisirent en cendres à l'exception de son acropole, où s'était retranchée la garnison ennemie. Mais les Perses firent payer très cher leur victoire aux Milésiens quand ils s'emparèrent de leur ville cinq ans plus tard. La plupart des hommes de Milet furent mis à mort, tandis que les femmes et les enfants étaient réduits en esclavage. Les rares survivants furent emmenés jusqu'à Suse, puis à Ampe, à plus de trois mille kilomètres de là, sur le golfe Persique, car Darius Ier entendait mettre leurs talents de navigateurs au service de sa flotte. La nouvelle de ce désastre sema l'inquiétude à Athènes, à tel point que, lorsqu'on joua la tragédie *La prise de Milet*, les spectateurs éclatèrent en sanglots. L'auteur de la pièce fut condamné à une amende pour avoir troublé l'ordre et une loi interdit à quiconque de présenter son œuvre.

Milet survécut à ses blessures et recouvra même pendant une brève période son indépendance après la victoire grecque de 479. Mais au cours du IVe siècle av. J.-C. elle fut éclipsée par la cité d'Halicarnasse, située à une soixantaine de kilomètres en direction du sud. Celle-ci était alors dirigée par une dynastie carienne qui prouva qu'il était possible d'accomplir de grandes choses tout en coopérant avec l'Empire perse au lieu de l'affronter.

Dans le royaume d'Halicarnasse, le pouvoir se transmettait par les femmes, si bien que le plus sûr moyen pour

Sur les hauteurs de Limyros, en Lycie orientale, des archéologues autrichiens ont restauré le sanctuaire (heroon) *du roi Périclès, lequel a régné au IVe siècle av. J.-C. Le monarque, figuré sur la monnaie ci-dessus, a réussi à se maintenir au pouvoir en dépit des menaces qui pesaient sur la région. L'édifice, de 10 mètres de longueur sur 7 de largeur, a été construit en 325 av. J.-C. après la mort de Périclès, qu'il ne faut pas confondre avec l'homme d'État athénien du Ve siècle av. J.-C.*

un prince de monter sur le trône était d'épouser sa sœur. C'est d'ailleurs ce qu'a fait Mausole, le roi le plus célèbre d'Halicarnasse, en 377 avant notre ère. Ce dernier, comme ses prédécesseurs, ne voyait aucun inconvénient à diriger son pays au nom des Achéménides, qui lui avaient assigné la fonction de satrape, autrement dit de gouverneur provincial de la Perse. Dans les faits, il jouissait d'une indépendance presque totale, dont il a tiré profit pour se lancer dans un projet ambitieux d'hellénisation de son pays.

Mausole avait en effet décidé de faire d'Halicarnasse la capitale de la Carie et le symbole de son plan de modernisation. Les habitants de plusieurs petites agglomérations furent contraints de venir s'installer dans la cité, de sorte que la population d'Halicarnasse devint quatre à cinq fois plus nombreuse. Le souverain bâtit en outre plusieurs villes de style hellénique sur la péninsule de Bodrum, où il installa des Cariens de l'intérieur, bergers pour la plupart, et pour être sûr qu'ils ne retourneraient pas dans leurs villages, il y implanta des postes de surveillance.

Quand le roi Mausole mourut, en 353 av. J.-C., la reine Artémise, sa sœur-épouse lui voua un véritable culte, au point, dit-on, qu'elle mélangeait chaque jour une pincée de ses cendres au vin qu'elle buvait. Elle fit élever à sa mémoire un monument funéraire somptueux, auquel on a par la suite donné le nom de Mausolée *(pages 128-129)*. L'édifice, qui se composait de plusieurs étages disposés en gradins et ornés d'une profusion de statues, était surmonté d'une statue du roi défunt conduisant un quadrige. D'après les récits de l'époque, le tombeau de Mausole devait mesurer quarante-deux mètres cinquante de hauteur, soit l'équivalent d'un immeuble de dix étages.

Un hélicoptère de l'armée turque décolle de Limyros. Les archéologues autrichiens ont ainsi transféré en 1994 les statues et les frises de l'acropole de la cité lycienne dans la ville située en contrebas. Les sculptures, qui ont été endommagées par un tremblement de terre et un incendie, seront exposées au musée d'Antalya une fois qu'elles auront été restaurées.

Le Mausolée, qui s'était écroulé à la suite d'un tremblement de terre, a été entièrement démantelé au XVe siècle, quand les chevaliers de Saint-Jean

ont prélevé sur les ruines de l'édifice les matériaux nécessaires à l'édification de leur château de Bodrum. Dans les années 1850, Charles Newton, un des conservateurs du British Museum, réussit à retrouver soixante-six statues ainsi que d'autres marbres qui avaient échappé au saccage du monument et qu'il expédia aussitôt à Londres.
Le temple d'Artémis à Éphèse, l'autre merveille de la côte ouest de la Grèce d'Asie, n'a guère eu plus de chance, puisqu'il a été lui aussi rayé de la carte. Ses pierres ont été réutilisées pour édifier une église consacrée à saint Jean sur la colline qui domine le site avant que la boue ne vienne recouvrir ce qui restait du sanctuaire. Pourtant, jusqu'au IVe siècle av. J.-C., le temple d'Artémis était le lieu de pèlerinage le plus fréquenté de toute l'Anatolie.
Le culte d'Artémis, la déesse grecque de la Lune et de la Chasse, avait des racines anciennes, qui remontaient bien avant la colonisation des côtes de l'Asie Mineure par les Grecs. D'après Strabon et Pausanias, les premiers habitants d'Éphèse auraient intégré le culte anatolien de la déesse mère à leurs propres pratiques religieuses. La découverte récente de poteries mycéniennes dans la région tend à confirmer l'hypothèse de probables contacts entre les Grecs et un lieu de culte implanté sur place dès l'âge du bronze.

Le portrait remarquable que l'on voit ci-dessus a été découvert dans une tombe lycienne, dont il représente sans doute l'occupant. Ce personnage, dont on ignore le nom, a été inhumé vers 475 av. J.-C. dans une chambre funéraire en pierre et de forme rectangulaire taillée dans le flanc de la montagne qui domine la plaine d'Elmali.

Le premier temple d'Artémis devait exister au VIIIe siècle av. J.-C., mais il a été détruit par les Cimmériens, peuple indo-européen nomade qui franchit à la même époque le Caucase et dévasta l'Anatolie. À sa place, on éleva un édifice imposant, le premier temple entièrement en marbre et l'un des deux plus grands bâtiments de l'histoire de l'Antiquité grecque – le second n'étant autre qu'une réplique de plus grandes dimensions de ce même monument. Les travaux n'étaient pas encore terminés lorsque les Lydiens entreprirent de conquérir la région au VIe siècle av. J.-C. Les habitants d'Éphèse avaient une telle confiance dans les pouvoirs de la déesse Artémis qu'ils relièrent le temple inachevé à la ville, distante de plus d'un kilomètre, en pensant que cela suffirait à les protéger de l'envahisseur. Leur tentative ne donna pas tout à fait le résultat escompté, puisque Crésus détruisit Éphèse et déporta la population de la cité ionienne. Mais le souverain lydien épargna le temple d'Artémis et lui fit même de riches présents, comme l'attestent les fragments de colonne portant son nom retrouvés par les archéologues au XIXe siècle. Deux siècles plus tard, le monument dédié à la déesse de la Lune et de la Chasse fut ravagé par un incendie allumé par un Éphésien appelé Érostrate qui pensait que c'était un excellent moyen de passer à la postérité. Érostrate fut condamné à être brûlé vif et toute mention de son nom fut interdite sous peine de mort, ce qui ne l'empêcha de laisser sa trace dans l'histoire.

Le hasard a voulu que l'incendie du temple d'Artémis ait lieu en 356 av. J.-C., le jour même de la naissance d'Alexandre le Grand. Quand le conquérant macédonien fut informé de cette étrange coïncidence, il fit le vœu de rebâtir un sanctuaire similaire en lui donnant toutefois des proportions encore plus imposantes que par le passé. Lorsqu'il arriva à Éphèse, en 378 av. J.-C., il décréta que les taxes annuelles versées jusque-là aux Perses par les citadins seraient affectées à la reconstruction de l'édifice.

Le monument des Néréides, qui se trouve aujourd'hui au British Museum, est la plus grecque de toutes les tombes lyciennes. Elle a été ramenée en Angleterre en 1842 par Charles Fellows avec la permission des autorités turques. Les personnages féminins à la silhouette ondulante que l'on aperçoit entre les colonnes sont sans doute des Néréides, ces divinités marines filles de Nérée, «le Vieillard de la mer», que les Anciens considéraient comme bienveillantes pour les navigateurs.

Une fois de plus, Éphèse et son nouveau temple connurent la prospérité, notamment après que Lysimaque, un des généraux d'Alexandre le Grand qui lui succédèrent à la tête de son immense empire, eut décidé de transférer la ville à un autre emplacement, éloigné du sanctuaire de plus d'un kilomètre et demi en direction du littoral. Pour contraindre les Éphésiens à quitter leurs maisons, Lysimaque aurait bouché les égouts de la cité, qui fut alors envahie par les eaux usées. La superbe métropole fondée par le successeur d'Alexandre devint par la suite la capitale de la province romaine d'Asie. On estime que le nombre de ses habitants devait alors s'élever à deux cent cinquante mille. Quand saint Paul entreprit d'évangéliser la région, les orfèvres de la ville déclenchèrent une émeute contre l'apôtre parce qu'ils craignaient que la nouvelle religion ne réduise à néant le commerce lucratif des images associées au culte d'Artémis, commerce dont ils tiraient l'essentiel de leurs profits. La

tradition voudrait aussi que ce soit à Éphèse que saint Jean ait amené la Vierge Marie après la Passion du Christ.

Durant la période hellénistique, la Grèce d'Asie a vu s'épanouir une seconde grande cité, celle de Pergame, qui fut la capitale d'un puissant royaume entre le IIIe et le IIe siècle av. J.-C. Comme Éphèse, la ville devait beaucoup à Lysimaque, qui y avait entreposé son trésor de guerre. Quand celui-ci mourut au combat, en 281 avant notre ère, le dépositaire de ses biens en profita pour embellir Pergame avant de transmettre le restant de ces richesses à son fils adoptif, Eumène Ier, que l'on considère comme le premier roi de Pergame. Attale Ier, qui lui succéda en 241 av. J.-C., remporta une brillante victoire sur les Galates, des mercenaires celtes qui s'étaient installés en Asie Mineure. C'est à lui que l'on doit la fondation de la fameuse bibliothèque de Pergame. Profitant de la guerre fratricide entre les Séleucides, les Attalides s'allièrent avec Rome, ce qui leur permit d'étendre leur domaine sur la plus grande partie de l'ouest de l'Asie Mineure.

Les Attalides, qui se voulaient les héritiers spirituels de la Grèce continentale, firent de Pergame un grand centre cosmopolite et culturel. Ils ornèrent leur capitale, un des plus beaux exemples de l'urbanisme de l'époque hellénistique, de magnifiques monuments. La ville était installée sur une série de terrasses semi-circulaires aménagées sur une pente située entre deux affluents du Caïque et dominée par un grand autel dédié à Zeus. Pergame

Les tombes ci-dessus, dont les façades rappellent les temples de style ionique, ont été creusées il y a plus de deux mille ans à même la paroi rocheuse qui domine la cité carienne de Caunus. Elles témoignent de l'influence exercée par la Grèce sur la région au IVe siècle av. J.-C. Ces sépultures, qui surplombaient à l'origine la mer Méditerranée, se trouvent aujourd'hui à quatre kilomètres à l'intérieur des terres du fait de l'envasement du littoral. Les Cariens font partie des peuples anatoliens qui ont édifié des sépultures d'un style particulier.

Le sarcophage en calcaire ci-contre a été réalisé en 375 av. J.-C. pour un certain Payava. Ce tombeau somptueusement décoré, qui mesure plus de six mètres de hauteur, se trouve dans la ville de Xanthos. Des poutres apparentes donnent à l'ensemble la légèreté des constructions de bois. Des têtes de lion ornent le toit, et les frises empruntent des thèmes tant à la culture grecque qu'à celle de la Perse.

offrait un spectacle grandiose, qu'on la contemple d'en haut ou d'en bas.

Mais c'est surtout sa bibliothèque qui faisait l'orgueil de Pergame. Comme ils ne disposaient pas de papyrus, à l'encontre des Égyptiens, ses habitants inventèrent le parchemin à partir de peaux d'animaux non tannées. Ils traitaient d'abord celles-ci avec de la chaux, pour les débarrasser de leurs poils, puis les écharnaient et les polissaient à plusieurs reprises avec de la craie et de la pierre ponce. Ils obtenaient ainsi des feuilles que l'on pouvait coudre ensemble de façon à former les pages d'un livre. La bibliothèque de Pergame, qui ne comptait pas moins de quatre cent mille volumes, rivalisa avec celle d'Alexandrie en Égypte, jusqu'au jour où, par une curieuse ironie du sort, Marc Antoine l'offrit à la reine Cléopâtre après avoir obtenu l'Orient en partage lors de la formation du second triumvirat en 43 av. J.-C.

Dans la capitale du royaume des Attalides il y avait aussi un splendide théâtre composé de soixante dix-huit rangées de gradins pouvant accueillir jusqu'à dix mille spectateurs, ainsi qu'un grand autel encadré d'une colonnade consacré à Zeus. Ce monument de dimensions colossales et au décor somptueux était constitué d'un escalier de marbre de plus de dix-huit mètres de largeur. Il fut découvert à la fin du XIXe siècle par Carl Humann, ingénieur allemand, qui retrouva l'essentiel de la frise de cent douze mètres de longueur où les dieux sont aux prises avec les géants et l'expédia à Berlin, qui en a fait le fleuron de son musée de Pergame.

Récemment, les archéologues ont mis au jour une inscription contenant des règlement municipaux qui donnent un aperçu très direct de la vie quotidienne menée par les habitants de la Grèce d'Asie il y a plus de deux mille ans. On y apprend, par exemple, que des amendes punissaient ceux qui jetaient leurs ordures à la rue, faisaient des trous dans les routes pour se fournir en gravillon ou en pierre ou vidangeaient leurs eaux usées à l'air libre plutôt que dans les canalisations de la ville. Quant aux personnes coupables d'avoir entravé la circulation, elles étaient condamnées à payer une fois et demi le montant des frais de dégagement de la voie.

Sous le règne d'Attale III, dernier roi de Pergame, la ville continua à assumer sa vocation de grand centre de la civilisation hellénistique. Le souverain était un érudit solitaire qui consacrait le plus clair de son temps à la science et notamment à l'étude des plantes vénéneuses, dont il testait les effets sur des criminels condamnés par la justice. Attale III est mort en 133 av. J.-C. sans laisser d'héritier et en léguant son royaume à Rome, en dépit de l'opposition de des sujets. Trois ans plus tard, les Romains intégrèrent Pergame à la province romaine d'Asie après avoir maté une révolte menée par le fils illégitime de l'un des derniers rois attalides. Pendant les siècles qui suivirent, beaucoup de villes de la côte anatolienne vécurent encore dans l'opulence et se dotèrent à nouveau de somptueux monuments, mais elles n'eurent jamais plus le rayonnement intellectuel et culturel qui avait été le leur auparavant.

Rome étendit sa domination sur tout le littoral occidental de l'Asie Mineure à l'exception de la Lycie, qui réussit seule à lui tenir tête. Ce pays, qui avait toujours fait preuve d'une indépendance farouche, était protégé des envahisseurs à la fois par sa configuration géographique et par la mentalité de son peuple. Il occupait une région couverte de vastes forêts et dominée par des cimes enneigées dont certaines dépassaient trois mille mètres de hauteur. Dans de nombreux endroits, la montagne se prolonge jusqu'à la mer en formant des falaises abruptes. Les villes se trouvaient toutes sur le littoral ou dans la fertile vallée du Xanthos, le fleuve qui courait à travers la Lycie et sur les bords duquel était bâtie la capitale, appelée elle aussi Xanthos. D'après les spécialistes, la région devait compter environ deux cent mille habitants.

Les Lyciens seraient les descendants de populations qui vivaient dans l'ouest de l'Anatolie à l'âge du bronze. Leurs ancêtres sont probablement des Lukka, un peuple indocile soumis par les rois hittites vers le milieu du XIVe siècle av. J.-C., mais qui se révolta à maintes reprises contre ses oppresseurs. Les Lukka, qui étaient d'excellents marins, ont lancé diverses attaques contre Chypre. En 1220 av. J.-C., ils se seraient alliés aux Libyens et aux Peuples de la mer pour tenter une première fois d'envahir l'Égypte, mais sans résultat, puisqu'ils furent repoussés par le pharaon Merenptah. Vingt ans plus tard, ils firent une seconde tentative, à laquelle Ramsès III mit rapidement un terme.

Dans l'*Iliade,* Homère désigne déjà sous le nom de Lyciens ce peuple farouche qui joue un rôle important en combattant avec courage aux côtés des Troyens. À en juger par les vestiges découverts par les archéologues, les premiers colons grecs arrivés sur les lieux étaient des Doriens originaires de Rhodes. Ils ont essayé de s'implanter dans la région à partir de 700 av. J.-C. en s'installant dans une île située au large des côtes lyciennes. Par la suite, ils ne fondèrent qu'une seule colonie, Phaselis, située dans l'est du pays. Mais, partout ailleurs, les Lyciens réussirent à préserver l'intégrité de leur territoire.

La Lycie fut la seule région de l'Anatolie occidentale qui résista aux assauts de Crésus, le dernier et le plus puissant des rois lydiens. Et si les Lyciens furent soumis par les Perses, ce fut au terme d'une féroce bataille à l'issue de laquelle les défenseurs de Xanthos préférèrent incendier leur ville, où ils s'étaient retranchés avec femmes et enfants, et se battre jusqu'au dernier plutôt que de se rendre à l'ennemi. Cinq cents ans plus tard, leurs descendants opposèrent une résistance aussi farouche au général romain Brutus quand celui-ci assiégea à son tour Xanthos. Seuls cent cinquante Lyciens en sortirent vivants, les autres ayant préféré se donner la mort.

LES COLOSSES DE L'HELLÉNISME

Sans l'orgueil démesuré d'Antiochos Ier, Commagène, une des anciennes provinces de l'Empire séleucide, située sur l'Anti-Taurus, au nord de la Syrie et de l'Euphrate, aurait depuis longtemps sombré totalement dans l'oubli. Mais le roi de Commagène a élevé au sommet du Nemrud Dagh des statues colossales qui rappellent à la postérité, non seulement sa mémoire et celle de ses ancêtres, mais aussi la splendeur et le rôle capital de l'hellénisme dans l'Antiquité.

Antiochos Ier, qui était d'origine perse et fils de roi, ne voyait aucun inconvénient à ce que la culture grecque fasse partie intégrante de son œuvre grandiose. Les inscriptions en langue grecque dont les statues sont ornées décrivent les divinités hybrides qui peuplent les terrasses est et ouest de Nemrud Dagh et ont pour nom, Zeus-Ahura Mazda, Apollon-Mithra ou Héraclès-Verethragna. Le souverain prétendait d'ailleurs qu'il avait du côté de sa mère des ancêtres grecs apparentés à Alexandre le Grand.

Le seul monument du site de Nemrud Dagh qui soit encore intact est l'aigle gardien, à gauche. Il se trouve sur la terrasse nord, du haut de laquelle il domine le paysage aride qui l'entoure aujourd'hui. L'aigle, un symbole omniprésent en Anatolie comme en Mésopotamie, illustre parfaitement l'atmosphère de ce sanctuaire à l'abandon où les religions, l'art et l'histoire de l'Orient et de l'Occident forment un mélange inextricable, comme les pierres que les séismes ont jetées sur le sol où elles gisent pêle-mêle.

Sur la terrasse ouest du site de Nemrud Dagh se profile une tête d'Apollon parée d'une coiffure de style persan qui est tombée à terre. À côté de cette effigie, qui mesure quelque trois mètres de hauteur, se dresse une tête d'aigle gardien. Quant à la rangée de déesses aujourd'hui privées de tête qui trônent sur la terrasse est (ci-dessus), *elle atteignait à l'origine une hauteur de cinq étages.*

Zeus, auquel le monument est dédié, est à l'extrême droite, devant Antiochos Ier, qui a fait bâtir l'édifice. Sur le socle d'une statue, le roi a fait graver une inscription: cet autel se trouve sur «le point le plus élevé» de son empire, c'est-à-dire «le plus près possible du trône céleste de Zeus». À gauche, le père d'Antiochos accueille Héraclès. Ici, le sculpteur a été influencé par la culture hittite.

La langue lycienne nous a été transmise par le biais d'un ensemble relativement important d'inscriptions, dont la plupart proviennent de tombes que les membres de la classe dirigeante ont fait élever pour eux-mêmes et leurs familles. Pour transcrire cet idiome apparenté au luwien – une langue anatolienne d'origine indo-européenne du IIe millénaire avant notre ère –, les Lyciens se servaient d'un alphabet dont ils avaient emprunté la plupart des caractères à l'alphabet grec dorien. Cette forme d'écriture, qui était accompagnée d'inscriptions en grec ou en araméen, ne connut pas une grande diffusion. Quant à la langue lycienne elle-même, elle semble avoir disparu vers le IIIe siècle av. J.-C., au moment où le grec a connu une large diffusion dans le monde antique.

Les Lyciens ont laissé de splendides tombes *(pages 138-139)* dont certaines ont la forme, commune dans la région, d'un piédestal rectangulaire surmonté d'une chambre funéraire. D'autres, taillées dans des falaises, ont l'apparence d'une maison. Grâce à elles, les spécialistes ont pu se faire une idée de l'habitat des Lyciens, dont les demeures en bois, matériau abondant dans la région, ont disparu sans laisser de traces.

Lorsque l'érudit britannique Charles Fellows a visité la ville de Xanthos en 1838, il n'a pas manqué de remarquer qu'elle regorgeait de trésors antiques. Les récits de voyage qu'il a publiés à son retour eurent un tel succès que les autorités dépêchèrent sur place un navire de la marine anglaise, lequel revint chargé de plus de soixante-dix énormes caisses remplies de sculptures. L'arrivée à Londres de ces œuvres d'art fit presque autant de bruit que celle des marbres d'Elgin, quarante ans plus tôt. La salle du British Museum, où sont exposées les sculptures de Xanthos, n'a jamais désempli.

Depuis 1950, des archéologues français ont entrepris des fouilles systématiques de Xanthos et de divers sites des environs. De leur côté, des spécialistes turcs ont orienté leurs recherches vers le port de Patara. Du fait que les Lyciens faisaient un grand usage du bois dans leurs constructions, une bonne partie des édifices a bel et bien disparu, ce qui n'a pas empêché les savants de retrouver des traces des dégâts subis par la citadelle lorsqu'elle a été assiégée par les Perses ou de déterminer la taille de la cité à différentes époques. On sait ainsi qu'à l'époque hellénistique la ville était très étendue. À environ quatre kilomètres en direction du sud-ouest, les archéologues ont exploré les vestiges d'un centre cultuel où se trouvait notamment un temple consacré à la déesse Léto, mère d'Apollon et d'Artémis. Ils y ont découvert un grand nombre de figurines en terre cuite que les fidèles avaient, semble-t-il, coutume de jeter dans une source en guise d'offrande à la divinité.

En l'an 43 de notre ère, la Lycie perdit son indépendance quand l'empereur Claude plaça ses villes sous son contrôle direct. La région n'en continua pas moins à jouer un rôle important pendant l'époque romaine. Myre et son port Andriace devinrent, par exemple, l'une des étapes principales par où transitait le blé égyptien en route vers Rome. C'est là que saint

Cette statue en terre cuite représente Aphrodite, la déesse de l'Amour. Cette effigie pleine de sensualité, qui a été réalisée vers 150 av. J.-C. dans la cité éolienne de Myrina, a le regard tourné vers la droite, peut-être vers Éros. Dans sa main droite aujourd'hui disparue, la divinité tenait sans doute un miroir. L'érotisme qui émane de cette image contraste vivement avec les représentations féminines traditionnelles de l'Anatolie, où la femme est en général dépeinte sous les traits plus austères d'une mère.

Paul changea de bateau en route pour la capitale romaine après son arrestation à Jérusalem. Au IVe siècle, la ville fut le siège épiscopal de saint Nicolas, lequel entrerait dans la mythologie enfantine sous le nom de père Noël.

Durant la longue période de paix qui coïncida avec l'époque romaine, l'esprit d'indépendance des peuples de l'Anatolie occidentale s'émoussa. En revanche l'hellénisme, qui a nourri l'art, la religion, l'architecture et la vie politique des Grecs d'Asie, a étendu son influence sur une zone immense. Il a commencé par toucher les pays voisins de la Grèce, ou même plus éloignés, par l'intermédiaire des marchands et des navigateurs. Il a tout de suite trouvé un écho chez les populations locales et les voyageurs avant de se répandre, avec les armées d'Alexandre le Grand, jusque dans des contrées lointaines où il s'est imposé moins par la force des armes que par les avantages évidents qu'il présentait. En bref, la civilisation grecque a proposé aux hommes un modèle de vie urbaine à une époque prétechnologique où l'on pouvait difficilement faire mieux.

Cependant, au cours du périple qu'elle a accompli vers l'est, la culture hellénique a indéniablement évolué, même si c'est de façon très subtile. Durant tout ce temps, l'Anatolie a servi de point de rencontre entre l'Orient et l'Occident. De toutes les unions singulières qui se sont nouées entre les civilisations européennes et asiatiques, bien peu ont atteint le degré d'extravagance dont témoignent les sculptures que l'on peut voir aujourd'hui encore en haut du Nemrud Dagh, un sommet de la chaîne de l'Anti-Taurus situé à quelque cinquante-cinq kilomètres de Samosata, la capitale de Commagène – une des provinces de l'ancien Empire séleucide. Des têtes colossales de souverains perses, de dieux et de héros grecs gisent côte à côte sur le sol, vestiges d'un panthéon de divinités hybrides dans lequel Zeus était associé à Ahura Mazda et Apollon à Mithra *(pages 141-145)*.

Le site de Nemrud Dagh, qui avait fait l'objet de fouilles dès les années 1880 par des archéologues allemands et turcs, a été à nouveau étudié en 1953 par une équipe financée par l'École américaine de recherches sur l'Orient et dirigée par Theresa Goell, chercheuse américaine. Le moins que l'on puisse dire, c'est que l'endroit n'était guère accueillant. Rien que pour s'approvisionner en eau, il fallait faire un trajet de trois heures aller et retour. À l'époque, le village digne de ce nom le plus proche se trouvait à deux jours de marche. Au milieu de la journée, la température dépassait 35 °C, alors que la nuit il gelait. Et on devait aussi tenir compte des pluies battantes, des orages et des tourbillons de poussière, courants dans la région, ainsi que des ours qui vivaient à proximité du site.

Quoi qu'il en soit, Theresa Goell et son équipe entreprirent une étude du site qui confirma que Nemrud Dagh avait été bâti pour abriter la sépulture du roi Antiochos Ier. Le souverain régnait sur un État opulent, bien que de taille modeste, situé au nord de la Syrie et de l'Euphrate et traversé par une route commerciale de toute première importance. En 162 av. J.-C., Commagène, qui était jusque-là une province de l'Empire séleucide fondé par les successeurs d'Alexandre, était devenu un royaume indépendant. Après l'expédition de Pompée en Orient, Rome en avait fait un protectorat avant de l'annexer définitivement en l'an 72 de notre ère. Antiochos se serait proclamé lui-même dieu quelque temps avant sa mort, survenue en 32 ou 34. Et il entendait que la tombe qu'il voulait se faire élever au sommet de la montagne fût digne de ses immortels compagnons.

Les bâtisseurs de Nemrud Dagh ont taillé trois plates-formes tout en haut de la chaîne montagneuse de l'Anti-Taurus, «le point le plus élevé du royaume de Commagène», comme le précise une inscription retrouvée sur place. Avec les débris, ils ont édifié un tumulus de près de cinquante mètres de hauteur sous lequel le corps du souverain devrait reposer dans une chambre funéraire que les archéologues n'ont pas encore localisée. La première des trois terrasses, celle qui permettait d'accéder au site, n'était ornée que d'un aigle sculpté et d'un mur de dalles dressées. En revanche, les deux autres étaient couvertes d'une profusion de sculptures – dont chacune était aussi haute qu'une maison de deux étages – qui représentaient le roi Antiochos, les dieux qu'il vénérait ainsi que ses ancêtres. Le souverain faisait remonter son lignage jusqu'à la dynastie perse des Achéménides du côté de son père, tout en affirmant qu'il descendait en même temps d'Alexandre le Grand par sa mère. Cette double filiation explique le curieux mélange de divinités dont Antiochos a choisi de s'entourer dans sa dernière demeure.

Les tremblements de terre et l'érosion ont depuis longtemps eu raison de la quasi-totalité des statues de Nemrud Dagh, au point que, de nos jours, le site est jonché de bustes décapités et de têtes gigantesques qui lui donnent une allure pour le moins surréaliste. La présence de cet ensemble de sculptures d'une singulière grandeur en plein cœur de l'Asie Mineure rappelle non seulement l'ambition démesurée d'un roitelet mais aussi le brillant passé de l'Anatolie toute entière. Pendant des siècles, on a cru que l'histoire de cette région du monde se limitait à ce qu'en disaient les auteurs de l'Antiquité, c'est-à-dire à celle d'un pays rempli de trésors fabuleux et gouverné par des souverains semi-légendaires. Grâce aux recherches des archéologues et des savants, on sait maintenant que l'Anatolie a été en fait un extraordinaire creuset de civilisations où les influences européennes, asiatiques et anatoliennes se sont mêlées pour créer des cultures originales d'une opulence et d'un raffinement incomparables.

VESTIGES D'UNE SPLENDEUR PASSÉE

Tout comme il y a deux mille ans, deux des colonnes du célèbre temple d'Apollon de Didyme *(ci-dessus)* se dressent toujours fièrement vers le ciel. Même dans l'état de ruine où il se trouve actuellement, à la suite d'un tremblement de terre, ce monument est un témoin éloquent de son brillant passé; la cour intérieure semble encore résonner des oracles que l'on y rendait. Durant l'Antiquité grecque et romaine, l'Anatolie a abrité plusieurs domaines sacrés similaires où se pressaient par milliers des pèlerins venus de tout le monde méditerranéen dans l'espoir d'obtenir des lumières sur le sort qui les attendait. Ce type de sanctuaire se trouvait très souvent auprès d'une source dont les eaux bouillonnantes étaient censées remonter des entrailles de la terre avec les messages des puissances souterraines.

Les sites sacrés les plus anciens de l'Anatolie sont vieux de plusieurs millénaires. Ils sont apparus lorsque des hommes et des femmes ayant le don de prédire l'avenir ont commencé à interpréter les oracles rendus par les divinités. Leur renommée grandit rapidement et leurs temples devinrent de plus en plus vastes et de plus en plus somptueux. Mais ce temple d'Apollon de Didyme était beaucoup plus grand que l'Artémision de Delphes, ainsi que l'ont constaté les archéologues qui ont fouillé le site à la fin du XIXe siècle.

Apollon, le dieu grec de la Lumière et de la Divination venait en tête des divinités consultées par les Grecs. On l'invoquait souvent en tant que guérisseur et comme père d'Asclépios, le dieu de la Médecine. Si le culte de cette divinité est sans doute originaire d'Anatolie, son oracle le plus fameux se trouvait à Delphes, en Grèce continentale. C'est là que siégeait la fameuse Pythie, une prêtresse d'une cinquantaine d'années au front ceint de lauriers assise sur un trépied au-dessus d'une crevasse d'où s'échappaient des vapeurs froides qui avaient pour effet de lui produire un délire momentané. Elle proférait alors des paroles incohérentes et parfois même des cris que les officiants du temple recueillaient et interprétaient comme la parole d'Apollon.

UN CENTRE DE CURE

La base de cet autel de l'Asclépion est ornée de feuilles d'olivier, de rosettes et de reptiles. Le serpent, dont la mue donne l'impression qu'il se renouvelle chaque année, était associé au culte d'Apollon et d'Asclépios qui avaient le pouvoir de ramener les morts à la vie.

Au pied de l'acropole où s'élevait la splendide cité de Pergame se trouvait l'Asclépion, un centre de cure très réputé où les Anciens venaient soigner leurs maux. Comme on le voit sur la photographie aérienne ci-dessous, l'Asclépion regroupait un ensemble d'installations très diverses au nombre desquelles figuraient un sanctuaire dédié à Asclépios, une bibliothèque, une galerie ornée d'une colonnade et un théâtre de trois mille cinq cents places.

En guise de soins, le centre de cure de l'Asclépion proposait des bains de boue, des lavements, des remèdes à base de plantes, des exercices physiques, des régimes, des pratiques théâtrales et l'explication des rêves. Les songes inspirés par les dieux étaient considérés comme un élément essentiel du traitement. Les patients, qualifiés d'incubants durant toute cette opération, étaient invités à pénétrer dans le temple pendant la nuit, à se coucher sur la peau des victimes des sacrifices et à s'endormir pour que la divinité leur inspire des rêves. Certains étaient guéris sur-le-champ, tandis que d'autres moins chanceux devaient attendre qu'on interprète leur songe et qu'on leur indique le traitement à suivre.

Au IIe siècle, un dénommé Aelius Aristedes a raconté son séjour et ses rêves. Chaque fois que la divinité se manifestait, il s'est senti «soulagé, ragaillardi, réconforté, apaisé, plein d'entrain et comblé de bienfaits». L'effet de la cure devait être de courte durée puisqu'Aelius a refait le même voyage pendant treize ans.

La salle circulaire souterraine ci-dessus fait partie du bâtiment des traitements. Elle débouche sur un couloir qui conduit à la source sacrée située en plein cœur de l'Asclépion. Les patients buvaient son eau légèrement radioactive et s'y baignaient dans l'espoir de se guérir de tous les maux.

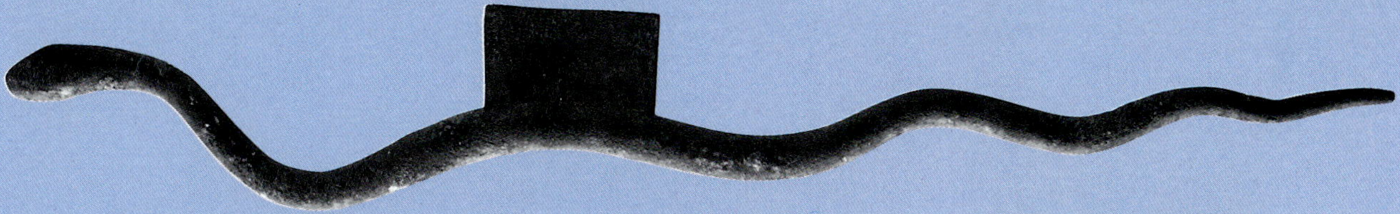

Les yeux et les oreilles de bronze ci-dessous ont été offerts à la divinité en signe de reconnaissance par deux malades. Quant au serpent de bronze, il fait partie des emblèmes d'Apollon et d'Asclépios. D'ailleurs dans l'Asclépion on élevait des serpents. Les Anciens croyaient que si un reptile léchait l'œil d'une personne atteinte de cécité, celle-ci recouvrait aussitôt la vue.

L'ORACLE DE DIDYME

À la suite de toute une série d'oracles renommés, le temple d'Apollon de Didyme, situé sur le territoire de Milet, a joui pendant longtemps d'un prestige presque aussi grand que celui de Delphes. Des origines à 494 av. J.-C., le sanctuaire a été desservi par les Branchides, c'est-à-dire les descendants mâles de Branchos, un jeune pâtre d'une grande beauté qui fut aimé par Apollon et reçut de son divin amant le don de la divination. Quand les Perses s'emparèrent du temple, en 494 avant notre ère, ils le pillèrent, le brûlèrent et exilèrent la famille des Branchides en Asie centrale, qui continuèrent de célébrer le culte jusqu'à Alexandre. Un siècle et demi plus tard, les Milésiens rebâtirent le temple de Didyme et y installèrent une lignée de prêtresses.

Personne ne sait au juste comment se déroulaient les séances de divination. De toute évidence, la source qui jaillit dans la cour du sanctuaire intérieur jouait un rôle important; les oracles devaient entrer dans une sorte de transe, de façon à pouvoir communiquer avec la divinité. Depuis que l'on a découvert une réplique d'osselet en bronze *(à l'extrême droite)* dans l'enceinte du temple en 1901, les spécialistes se demandent s'il n'y avait pas une sorte de tirage au sort. Cet objet, probablement offert en guise d'ex-voto par un fidèle reconnaissant, pourrait représenter les osselets – les ancêtres de nos dés – utilisés par les Grecs et les Romains dans les jeux de hasard. Les oracles de Didyme devaient se servir d'une paire d'osselets dont l'un correspondait au oui, et l'autre à un non. Quand on lui transmettait une question, l'oracle mélangeait les deux osselets et communiquait par ce biais la réponse d'Apollon.

La tête de Méduse ci-dessus, qui devait jadis figurer en haut de la façade du temple d'Apollon de Didyme, se trouve maintenant au niveau du sol. Le mur qui délimitait le sanctuaire intérieur* (ci-dessous) *mesurait près de 25 mètres de hauteur. Bien qu'il ait fait l'objet d'une restauration, il n'a plus aujourd'hui qu'un tiers de sa hauteur d'origine.

Des colonnes reposant sur un socle de marbre surélevé se dressent devant le temple. Au fond, on aperçoit une des deux portes qui permettaient de passer au jardin et à la source sacrée.

Cet osselet en bronze est une offrande votive. Mesurant 30 centimètres de largeur sur 20 de hauteur pour un poids de 90 kilos, il a été emporté par les Perses en 494 av. J.-C. L'inscription mentionne le nom du bronzier et celui de son commanditaire.

Les deux couloirs en pente qui, tel celui ci-contre, font communiquer l'extérieur du temple au jardin, sont étroits et ne laissent le passage qu'à une personne. Pour pénétrer dans le sanctuaire – entouré de hauts murs et dépourvu de toit – les fidèles avançaient sur une file. Les bâtisseurs du temple lui ont donné cette disposition pour ajouter à l'effroi mêlé de respect que l'on ressentait en présence de l'oracle.

LE TEMPLE DES MYSTÈRES

Les dimensions du temple d'Apollon Patroos de Claros – ville située sur la côte nord du golfe de Caystre, entre Colophon et Lébédos – étaient de loin beaucoup plus modestes que celles du sanctuaire de Didyme, mais cela ne l'a pas empêché d'avoir une immense renommée, grâce à son oracle, qui était toujours originaire de Milet, jusqu'à l'époque romaine. Ce lieu de culte acquit même une telle notoriété que Germanicus, le fils adoptif de l'empereur Tibère, lui rendit visite. L'historien Tacite a raconté comment se déroulaient les séances de divination. «L'oracle se rendait dans une grotte où il buvait une gorgée de l'eau d'une source sacrée et donnait une réponse en forme de vers à la question que chaque fidèle avait à l'esprit.».

De son côté, le naturaliste romain Pline l'Ancien déclare que si l'eau de la source de Claros permettait à l'oracle de faire «d'extraordinaires prophéties», elle n'était pas sans risque puisqu'elle avait la fâcheuse réputation d'écourter «la vie de celui qui la consommait».

Vu de l'extérieur, rien ne distinguait le temple d'Apollon Patroos de Claros des autres édifices religieux de son temps. Mais le sous-sol où se trouvait la source sacrée avait une configuration tout à fait particulière. Deux escaliers de quatre marches chacun descendaient vers des profondeurs souterraines très basses de plafond. Un couloir, si étroit qu'il ne laissait le passage que pour une seule personne, menait directement au cœur du temple jusqu'à une sorte de salle d'attente contenant un banc de marbre blanc. Au-delà s'ouvrait une galerie que seul pouvait emprunter l'oracle quand il se rendait dans la salle où il y avait le puits contenant l'eau aux effets miraculeux.

En 1992, on a exhumé cette statuette en bronze sous le plus ancien autel de Claros. Elle figure le dieu crocodile égyptien Sobek, et a été rapportée d'Égypte comme offrande par un mercenaire. Sur le sol (ci-dessous), *on voit un fragment d'une statue d'Artémis, sœur jumelle d'Apollon.*

Du fait de l'élévation du niveau de la nappe phréatique, le sous-sol du temple de Claros est maintenant en partie immergé. Les superstuctures de l'édifice ont été nivelées sans doute à la suite d'un séisme survenu au cours du Moyen Âge alors que le sous-sol est resté intact, même s'il est peu à peu envahi par les sédiments apportés par l'eau. Les voûtes avaient pour mission de compenser le poids des statues de grande taille qui ornaient le sanctuaire.

Si aucun des oracles rendus à Claros ne nous est parvenu, on connaît en revanche le nom de certains de ses visiteurs par les incriptions – uniques en leur genre – que ceux-ci ont laissées sur la colonne ci-contre, sur des marches ou dans divers autres endroits du sanctuaire. Parmi eux figurent des listes de choristes venus participer à la célébration de rites en rapport avec Apollon. Le temple de Claros, comme celui de Didyme, a été fermé au IIIe siècle quand le christianisme a triomphé des autres religions.

LE CULTE DE LA DÉESSE MÈRE

Avec l'unique colonne et les quelques rares pans de mur qui lui restent aujourd'hui, le temple d'Artémis, élevé à Éphèse en l'an 620 av. J.-C., ne donne qu'une bien piètre idée de la grandeur passée de l'une des Sept Merveilles du monde antique. Il abritait une source sacrée et surtout une imposante statue en or d'Artémis, la déesse mère, qui se trouvait dans la salle principale de l'édifice. Bien que l'original ait disparu depuis très longtemps, les copies grandeur nature réalisées par les Romains, comme celle que l'on voit sur la page de droite, permettent de se faire une idée de ce à quoi elle devait ressembler: d'innombrables mamelles et le corps serré dans une gaine à zones sculptées.

Artémis est l'aboutissement d'une longue évolution, qui va de la déesse mère de l'Anatolie à l'époque néolithique, jusqu'à sa forme romaine, sous les traits de Diane, en passant par Cybèle, un avatar local. Le temple se trouve à proximité d'Éphèse, ville où saint Paul a prêché l'enseignement du Christ et où, selon une tradition locale, saint Jean aurait accompagné la Vierge Marie après l'Ascension. La légende dit aussi que Marie est morte dans les environs.

Quand le christianisme prit le dessus sur les autres religions, les habitants de la région dépouillèrent le temple d'Artémis d'une grande partie de ses pierres, notamment pour édifier l'église Saint-Jean, qui fut construite au VIe siècle sur une colline dominant le sanctuaire *(ci-dessous, à gauche)*. Quelques années plus tard, des pères de l'Église réunis à l'occasion d'un concile à Éphèse approuvèrent officiellement le culte de la Sainte Vierge dont les adeptes vénéraient déjà Marie comme la mère de Dieu.

La figurine en or ci-dessous, est une offrande votive. Elle mesure à peine 10 centimètres de hauteur et représente une prêtresse au sourire radieux. Artémis était vénérée non seulement en tant que déesse mère, mais aussi comme reine du monde animal.

Cette sculpture romaine du IIe siècle représente Artémis les bras tendus vers l'avant et environnée d'un cerf et de ruches. Outre une coiffure et une jupe décorées d'animaux, la déesse porte un large collier en dessous duquel sont représentés les signes du zodiaque ainsi qu'une sorte de veste ornée d'une profusion de symboles de fertilité qui évoquent des seins, des fruits, des œufs ou encore des testicules de taureau.

QUAND L'ORIENT ET L'OCCIDENT SE RENCONTRENT

Du fait de sa position géographique particulière, l'Anatolie a servi de pont terrestre entre l'Asie et l'Europe. Elle a ainsi assimilé les influences de deux continents tout en produisant des cultures bien à elle. Si aujourd'hui la majorité de ses habitants sont des musulmans sunnites turcophones, son passé est culturellement très riche.

Tout au long de son histoire, le mythe s'est souvent mêlé à la réalité. À l'est, au milieu des chaînes de l'Arménie, se dresse le mont Ararat au sommet duquel l'Arche de Noé se serait arrêtée à l'issue du Déluge. Sur le littoral occidental de l'Anatolie, à quelques kilomètres de l'Europe, s'élevait Troie où se serait déroulée la guerre racontée dans l'*Iliade*. Au nord, le long des côtes de la mer Noire, il y avait une contrée fabuleuse où vivaient les farouches Amazones.

Située à ce carrefour entre l'Orient et l'Occident, l'Anatolie a attiré des vagues successives de migrants. Certains se sont faufilés à travers les montagnes pour s'installer dans ses vallées bien abritées, tandis que d'autres sillonnaient la Méditerranée, la mer Égée et la mer Noire à la recherche de rivages fertiles. Tous ces nouveaux venus ont fondé de nouvelles civilisations ou ont annexé la région à de vastes empires.

Bien avant ces mouvements, c'est-à-dire au paléolithique ou âge de la pierre taillée, les peuples anatoliens ont laissé des traces, sous la forme de haches, de grattoirs et d'autres outils en silex. Lorsque les Européens étaient encore chasseurs-collecteurs vivant dans des cavernes, les habitants de l'Anatolie menaient une vie sédentaire dans des communautés en partie agricoles et en utilisant des techniques que les Européens devaient adopter beaucoup plus tard.

NÉOLITHIQUE ET CHALCOLITHIQUE 8000–3000 av. J.-C.

DÉESSE MÈRE DE ÇATAL HÜYÜK

Pendant la période néolithique, ou de la pierre polie, les hommes ont abandonné leur mode de vie de chasseurs-collecteurs pour celui d'éleveurs et d'agriculteurs. Les Anatoliens du Sud ont été parmi les premiers à se lancer dans cette aventure. La population de Cayönü, sur les contreforts des monts Taurus, assurait sa subsistance par la culture du blé, des pois, des lentilles, et par l'élevage des moutons et des porcs. Çatal Hüyük, l'une des premières villes du monde à apparaître vers 6000 av. J.-C., marque l'apogée de la culture néolithique. La religion semble avoir tenu une place importante dans la vie des cinq à dix mille personnes qui y résidaient. La déesse mère, dont l'effigie ci-dessus provient de Çatal Hüyük, tenait une place prépondérante dans le panthéon de l'époque néolithique.

Çatal Hüyük a été abandonnée vers le milieu du VIe millénaire av. J.-C., mais d'autres communautés ont fleuri en Anatolie, en particulier au moment du passage du néolithique au calcholithique (5500-3000 av. J.-C.), quand les hommes ont utilisé le métal en plus de la pierre. Alors qu'à la même époque, les villes de Mésopotamie avaient tendance à se développer autour d'un temple central, celles d'Anatolie se sont implantées à proximité d'une forteresse, comme à Hacilar ou à Mersin, dans le sud du pays.

ÂGE DU BRONZE 3000–1200 av. J.-C.

RHYTON HITTITE

Au début de l'âge du bronze, l'Anatolie a connu une période très florissante au cours de laquelle le pays est devenu une mosaïque de cités-États, dont la plus fameuse fut celle de Troie. La présence de marchands assyriens en Anatolie vers 1950 av. J.-C. démontre l'importance prise par les Hittites, d'origine indo-européenne,qui ont dominé la région pendant près d'un millénaire.

Les Hittites étaient réputés pour leur lois équitables, leur habileté en matière de diplomatie et le talent de leurs orfèvres, comme le montre le récipient rituel en argent ci-dessus. Mais c'est surtout la bravoure de leurs guerriers qui a fait leur célébrité. Entourés d'ennemis et privés d'accès sur la mer, ils n'ont pratiquement jamais cessé de faire la guerre pour rester maîtres de l'Anatolie et étendre leur pouvoir vers le sud, l'est, et l'ouest par l'intermédiaire d'États vassaux. Vers la fin du XIVe siècle av. J.-C., ils dominaient un empire à qui seule l'Égypte de Ramsès II pouvait tenir tête. Vers 1275 av. J.-C., les deux grandes puissances s'affrontèrent: les Hittites repoussèrent une avancée des Égyptiens dans le nord de la Syrie.

Conscients de la menace redoutable que constituaient pour eux les Assyriens à l'est, les Hittites conclurent un traité de paix avec l'Égypte. Mais l'empire était déjà chancelant. Des récoltes catastrophiques et l'instabilité qui régnait dans le pays le mirent dans l'incapacité de résister aux Peuples de la mer vers 1200 av. J.-C.

ÂGE DU FER 1200–546 av. J.-C.

STATUETTE EN IVOIRE PHRYGIENNE

Au moment de la chute de l'Empire hittite, de nouveaux peuples ont fait leur apparition en Anatolie. Les premiers colons phrygiens sont arrivés par les Balkans vers le XIIIe siècle av. J.-C. Vers 800 av. J.-C., ils avaient fondé un royaume unifié en Anatolie centrale et occidentale. Mais comme les Hittites avant eux, les Phrygiens ont dû se battre sans cesse contre leurs rivaux. Après sa défaite devant les Cimmériens qui sont descendus du Caucase vers le début du VIIe siècle av. J.-C., la puissante Phrygie a décliné. Les territoires qu'elle possédait dans l'ouest du pays sont passés sous le contrôle de la civilisation lydienne qui a pris Sardes pour capitale.

Pendant plus d'un siècle, les rois lydiens ont dominé l'Anatolie occidentale et noué des relations commerciales étroites avec les colons grecs qui avaient fondé des établissements le long du littoral de la mer Égée depuis le Xe siècle av. J.-C. À l'est, ils étaient menacés par les Mèdes de la Perse et par les Babyloniens qui occupaient la plaine côtière située au sud de la chaîne du Taurus. Quand Cyrus Ier de Perse eut écrasé les Mèdes, en 550 av. J.-C., la Lydie entra en conflit avec le puissant empire des Achéménides. En 546 av. J.-C., Cyrus conquit la Lydie et en fit une province perse.

PÉRIODES PERSE ET HELLÉNISTIQUE 546–30 av. J.-C.

ALEXANDRE LE GRAND

Les Perses gouvernaient l'Anatolie depuis Sardes qui devint un ville importante de leur empire. Ils en profitèrent pour contrôler les cités grecques du littoral de la mer Égée, dont les habitants n'appréciaient guère leurs oppresseurs. Mais la Perse n'exerça pas une grande influence sur la région où la civilisation grecque était en train de faire de grands progrès. L'arrivée d'Alexandre le Grand – dont on voit ci-dessus un buste originaire de Pergame – en Asie en 334 avant notre ère accéléra le processus d'hellénisation de la région.

Bien qu'Alexandre n'ait régné sur l'Anatolie qu'une dizaine d'années, il a joué un rôle considérable dans son histoire. Outre qu'il a libéré ses habitants du joug perse, il a contribué grandement à la diffusion de la langue, de la littérature et de la pensée grecque dans les pays voisins. Après la mort du conquérant macédonien, ses généraux partagèrent son empire en trois royaumes qui se livrèrent des guerres incessantes. Vers 146 av. J.-C., les Romains, qui venaient de conquérir la Grèce, commencèrent à faire leur apparition dans la région qu'ils annexèrent en l'espace d'un siècle. Les montagnes de l'Arménie et l'Euphrate servirent alors de frontière orientale à l'Empire romain.

PÉRIODE ROMAINE 30 av. J.-C.–395 apr. J.-C.

TEMPLE D'HADRIEN À ÉPHÈSE

Les Romains ont donné à l'Anatolie le nom de province romaine d'Asie. La région est devenue une des plus riches de l'empire et a connu une période de stabilité et de prospérité sans précédent. L'empereur Hadrien aimait beaucoup la ville d'Éphèse qui a bâti un temple en son honneur *(ci-dessus)*. L'influence de l'hellénisme est restée prépondérante et la langue grecque n'a jamais été supplantée par le latin. Mais au IIIe siècle, une nouvelle religion a commencé à se répandre en Anatolie.

Le christianisme, né en Palestine, s'est implanté très vite en Anatolie. Saint Paul, qui était originaire de Tarse, dans le sud du pays, a longtemps prêché dans la région. C'est là que saint Jean l'évangéliste, auteur du livre de l'Apocalypse, s'est installé après la Passion du Christ.

La religion chrétienne a fini par gagner tout l'Empire romain. L'empereur Constantin, qui s'y était converti, l'a proclamée religion d'État en 324. Il a quitté la ville païenne de Rome pour installer sa capitale à Byzance, rebaptisée Constantinople pour la circonstance. Et pendant sept siècles, l'Anatolie s'est trouvée au cœur de l'Empire byzantin.

REMERCIEMENTS

Les éditeurs remercient les personnes et les organismes suivants pour l'aide qu'ils ont apportée à l'élaboration de ce livre:

Oğuz Alpözen, Bodrum Museum, Bodrum; Achille Bianchi, Rome; Fritz Blakolmer, Institut für Klassische Archäologie, Université de Vienne; Deanna Cross, The Metropolitan Museum of Art, New York; Kayhan Dörtlük, Antalya Museum, Antalya; Ismet Ediz, Çorum Museum, Çorum; Beatrice Epstein, The Metropolitan Museum of Art, New York; Irmgard Ernstmeier, Munich; Ufuk Esin, Université d'Istanbul, Istanbul; Brigitte Gaspar, Staatliche Museen zu Berlin, Preussischer Kulturbesitz, Vorderasiatisches Museum, Berlin; Juliette de La Genière, Neuilly, France; Crawford H. Greenewalt Jr., Université de Californie, Berkeley; Lothar Haselberger, Université de Pennsylvanie, Philadelphie; Harald Hauptmann, Deutsches Archäologisches Institut, Istanbul; Ian Hodder, Université de Cambridge, Cambridge, Angleterre; Israel Museum, Jérusalem; Jerusalem Bible Lands Museum, Jérusalem; Stefan Karwiese, Osterreichisches Archäologisches Institut, Vienne; Gundela Kaschau, Institut für Ur-und Frühgeschichte, Université d'Heidelberg, Heidelberg; Volker Kästner, Staatliche Museen zu Berlin, Preussischer Kulturbesitz, Antikensammlung, Berlin; Hans-Jörg Kellner, Munich; Heidrun Klein, Bildarchiv Preussischer Kulturbesitz, Berlin; Fred S. Kleiner, Archaeological Institute of America, Université de Boston, Boston; Ellen Kohler, University Museum, Université de Pennsylvanie, Philadelphie; Emre Kongar, Ministère de la Culture, Ankara, Turquie; Christian Le Roy, Université de Paris I Panthéon-Sorbonne, France; Joachim Marzahn, Deutsche Orient Gesellschaft, Berlin; Machteld J. Mellink, Bryn Mawr College, Bryn Mawr, Pennsylvanie; Ahmet Mentes, Istanbul Topkapi Museum, Istanbul; Marie Montembault, Musée du Louvre, Paris; Oscar White Muscarella, The Metropolitan Museum of Art, New York; Mehmet Özdoğan, Université d'Istanbul, Istanbul; Engin Özgen, Ministère de la Culture, Ankara, Turquie; Alpay Pasinli, Istanbul Archaeological Museum, Istanbul; Lino Pellegrini, Milan; John Prag, Université de Manchester, Lancashire, Angleterre; Jeanne Robert, Paris; Lynn E. Roller, Université de Californie, Davis; Kenneth Sams, Université de Caroline du Nord, Chapel Hill; Timurçin Savas, Ministère de la Culture, Ankara, Turquie; Wulf Schirmer, Institut für Baugeschichte, Université de Karlsruhe, Karlsruhe, Allemagne; Geneviève Teissier, Musée du Louvre, Paris; Ilhan Temizsoy, Museum of Anatolian Civilizations, Ankara, Turquie; Klaus Tuchelt, Deutsches Archäologisches Institut, Berlin; Enis Üçboyler, Ephesus Museum, Éphèse; Ahmet Unal, Institut für Assyriologie und Hethitologie, Université de Munich, Munich.

SOURCES DES ILLUSTRATIONS

Les sources des illustrations sont séparées de gauche à droite par des points-virgules, et de haut en bas par des tirets.

Couverture: The Metropolitan Museum of Art, legs Trust Norbert Schimmel, 1989 (1989.281.12)/photo Schecter Lee. Arrière-plan Hirmer Fotoarchiv, Munich. Pages de garde Malcolm Chandler. 6: © The British Museum, Londres. 8: Extrait de *Researches in Asia Minor, Pontus, and Admenia, with Some Account of Their Antiquities and Geology*, vol. 1, de William J. Hamilton, John Murray, Albemarle Street, Londres, 1842. 9: General Research and Humanities Division, New York Public Library/ Astor, Lenox and Tilden Foundations. 13: Gianni Dagli Orti, Paris. 15: British Institute of Archaeology, Ankara (2)—© 1990 Kay Chernush. 16: © The British Museum, Londres. 17: © The British Museum, Londres—autorisation the National Portrait Gallery, Londres. 18, 19: © The British Museum, Londres, extrait de *Discoveries at Ephesus*, de J. T Wood, Longmans, Green and Co., Londres, 1877. 20, 21: © The British Museum, Londres. 22: Hirmer Fotoarchiv, Munich. 23: Museum of Anatolian Civilizations, Ankara. 24: Gianni Dagli Orti, Paris. 25, 27: Museum of Anatolian Civilizations, Ankara. 29: Gianni Dagli Orti, Paris. 30, 31: Institut für Ur-und Frühgeschichte, Université d'Heidelberg. 32: Ufuk Esin. 33: Ufuk Esin (2)—Aksaray Museum. 34: Mehmet Özdoğan, Université d'Istanbul. 35: Hezarfen Foto —Diyarbakir Museum; Mehmet Özdoğan (2)—Université de Chicago. 36: Sonia Halliday Photographs, Weston Turville, Buckinghamshire, Angleterre. 37: Museum of Anatolian Civilizations, Ankara (2)—Gianni Dagli Orti, Paris. 38: The Metropolitan Museum of Art, legs Trust Norbert Schimmel (1989.281.110)/ photo Schecter Lee. 40: Hirmer Fotoarchiv, Munich. 41: R.M.N., Paris. 43: The Metropolitan Museum of Art, legs Trust Norbert Schimmel, 1989 (1989.281.10)—National Geographic Image Collection. 45: Peter Neve, Malente. 46: Turtian Birgili. 47: Museum of Anatolian Civilizations, Ankara. 49: Erich Lessing/Art Resource. 50, 51: Eberhard Thiem, Lotus Film, Kaufbeuren/autorisation Archaeological Museum, Ankara (2); Bildarchiv Claus Hansmann, Munich/autorisation Musée du Louvre, Paris. 52: Jürgen Seeher, DAI, Instanbul. 53: Plan John Drummond, éditions Time-Life/d'après un dessin de Boğazköy Archiv, DAI, Berlin. 54: Ashmolean Museum, Oxford. 55: The Walters Art Gallery. 56, 57: Staatliche Museen zu Berlin-Preussischer Kulturbesitz, Vorderasiatisches Museum, photos Jürgen Liepe. 59: Peter Neve, Malente. 61: Peter Neve, Malente—Deutsches Archäologisches Institut, Bogazköy

Archiv, Berlin. 62: Ancient Art and Architecture Collection, Londres—The Metropolitan Museum of Art, legs Trust Norbert Schimmel, 1989 (1989.281.12) /photo Schecter Lee. 65: Hirmer Fotoarchiv, Munich—reconstruction de R. Naumann d'après *Der Alte Orient,* de W. Orthmann, Propyläen Verlag, Berlin, 1975. 66, 67: Hirmer Fotoarchiv, Munich (3)—d'après *The Hittites and Their Contemporaries in Asia Minor,* de J. G. Macqueen, Thames and Hudson, Londres, 1986. 68: Robert Frerck/ Odyssey. 69: Slavonic Division, New York Public Library, Astor, Lenox and Tilden Foundations. 71: Robert Frerck /Woodfin Camp and Associates. 72: Peter Neve, Malente. 73: Museum of Anatolian Civilizations, Ankara; Hirmer Fotoarchiv, Munich—reconstruction de O. Puchstein d'après *Ancient Architecture,* de S. Lloyd et H. W. Muller, Electra Editrice, Milan, 1972. 74: Richard Nowitz; Lotus Film/ Eberhard Thiem, autorisation the Archaeological Museum, Ankara. 75: Robert Frerck/Odyssey—reconstruction de O. Puchstein d'après *Ḫattuša-Stadt der Götter und Tempel,* de Peter Neve, Verlag Philipp von Zabern, Mayence, 1993. 76, 77: Mehmet Biber et Ajan Biber—reconstruction de W. Schirmer d'après *Der Alte Orient,* de Winfried Orthmann, Propyläen Verlag, Berlin, 1975; Peter Neve, Malente. 78: Antalya Museum, Antalya. 80: The University Museum, Université de Pennsylvanie. 81: James Whitmore/LIFE. 82: Université de Manchester, Angleterre. 83: Jean-Loup Charmet, Paris. 84, 85: The University Museum, Université de Pennsylvanie. 86: Antalya Museum, Ankara. 87-89: Museum of Anatolian Civilizations, Ankara. 91: Peter Woolfitt/Robert Harding Picture Library, Londres—© The British Museum, Londres. 92: Prähistorische Staatssammlung, Munich—The Israel Museum, Jerusalem/Les Arcs, Collection Ebnother; Staatliche Museen zu Berlin-Preussischer Kulturbesitz, Vorderasiatisches Museum/photo Jürgen Liepe. 93: The Metropolitan Museum of Art, legs Nathaniel Spear Jr., 1977 (1977.186); Badisches Landesmuseum, Karlsruhe. 94: Bible Lands Museum Collection, Jérusalem. 95: Museum für Kunst und Gewerbe, Hambourg, Inv.Nr. 1962.40, photo: Museum (Maria Thrun). 97: Ozgen Acar/Sipa Press. 98, 99: Museum of Anatolian Civilizations, Ankara. 101: Photo Bulloz, Paris. 103: Gianni Dagli Orti, Paris—© The British Museum, Londres. 104, 105: Autorisation the Archaeological Exploration of Sardis. 107-117: Bordure John Drummond, éditions Time-Life 107: The Gordion Furniture Project. 108: The University Museum, Université de Pennsylvanie—dessin Elizabeth Simpson. 109: James Whitmore/LIFE. 110: The University Museum, Université de Pennsylvanie—Museum of Anatolian Civilizations, Ankara; dessin Elizabeth Simpson. 111: Museum of Anatolian Civilizations, Ankara. 112: The University Museum, Université de Pennsylvanie—The Gordion Furniture Project. 113: The Gordion Furniture Project—dessin Elizabeth Simpson. 114: Lynn E. Roller, professeur adjoint d'études classiques, Université de Californie à Davis. 115: The Gordion Furniture Project (2)—dessin John Drummond, éditions Time-Life, d'après un dessin d'Elizabeth Simpson. 116: The University Museum, Université de Pennsylvanie—The Gordion Furniture Project. 117: The Bard Graduate Center for Studies in the Decorative Arts/The Museum of Anatolian Civilizations, Ankara—The Gordion Furniture Project; dessin Elizabeth Simpson. 118: R.M.N., Paris. 122, 123: Extrait de *Classical Turkey,* de John Freely, © Johnson Editions, Ltd., Londres, 1990; © The British Museum, Londres—Archiv für Kunst und Geschichte, Berlin. 127: Staatliche Museen zu Berlin-Preussischer Kulturbesitz, Antikensammlung—© Adam Woolfitt/Woodfin Camp and Associates. 128, 129: © The British Museum, Londres. 130, 131: Bodrum Museum, Bodrum. 133: CNES 1986 Distribution Spot Image/ Université de Nantes, Laboratoire de géographie physique. 134: Hirmer Fotoarchiv, Munich—Institut für Klassische Archäologie, Université de Vienne, Lykien Archiv/photo W. Schiele. 135: Anadolu Ajansi, Ankara. 136: Machteld Mellink. 137: © The British Museum, Londres. 138: © Sheila Nardulli. 139: © The British Museum, Londres. 141: © Adam Woolfitt /Robert Harding Picture Library, Londres. 142, 143: Inset Emily Teeter; © Adam Woolfitt/ Robert Harding Picture Library, Londres. 144, 145: Inset © Adam Woolfitt/Robert Harding Picture Library, Londres; Sunny Reynolds. 147: Staatliche Museen zu Berlin-Preussischer Kulturbesitz, Antikensammlung, photo Jürgen Liepe. 149: Robert Lindley Vann. 150: © Adam Woolfitt/Woodfin Camp and Associates—German Archaeological Institute, Instanbul Division. 151: Robert Lindley Vann—German Archaeological Institute, Istanbul (3). 152: © Adam Woolfitt/Woodfin Camp and Associates—C. M. Dixon, Canterbury, Kent. 153: Robert Lindley Vann (2); R.M.N./Christian Larrieu, Paris. 154: Juliette de La Genière—Robert Lindley Vann. 155: Robert Lindley Vann—Dale Brown. 156: Professeur Ekrem Akurgal, Izmir —Robert Lindley Vann. 157: Archiv für Kunst und Geschichte, Berlin/autorisation Ephesus Archaeological Museum, Selcuk/ photo Erich Lessing. 158, 159: Illustrations Paul Breeden.

BIBLIOGRAPHIE

LIVRES

Ainsworth, William Francis. *A Personal Narrative of the Euphrates Expedition.* Vol. 1. Londres: Kegan Paul, Trench, 1888.

Akşit, Ilhan. *Touristic Guide of Turkey.* Traduction de Robert Bragner. Istanbul: Akşit Kültür Turizm Sanat Ajans, 1993.

Akurgal, Ekrem:
Ancient Civilizations and Ruins of Turkey. Istanbul: NET Turistik Yayinlar A.Ş., 1993.
L'Art en Turquie. Paris: OLF, 1981.

Alexander, Robert L. *The Sculpture and Sculptors of Yazilikaya.* Newark: University of Delaware Press, 1986.

Alkim, U. Bahadir. *Anatolia I: From the Beginnings to the End of the 2nd Millennium B.C.* Traduction de James Hogarth. Londres: Barrie & Rockcliff: The Cresset Press, 1969.

Amiet, Pierre. *Introduction à l'histoire de l'art de l'Antiquité orientale.* Paris: Desclée de Brouwer, 1980.

Bean, George E.:
Aegean Turkey. Londres: Ernest Benn, 1979.
Lycian Turkey: An Archaeological Guide. Londres: Ernest Benn, 1978.
Turkey beyond the Maeander: An Archaeological Guide. Londres: Ernest Benn, 1971.

Behr, Charles A. *Aelius Aristides and the Sacred Tales.* Amsterdam: Adolf M. Hakkert, 1968.

Bittel, Kurt:
Guide to Boğazköy. Ankara: 1972.
Hattusha: The Capital of the Hittites. New York: Oxford University Press, 1970.

Boardman, John. *The Greeks Overseas: Their Early Colonies and Trade.* Londres: Thames and Hudson, 1980.

Boardman, John, et al., sous la dir. de. *The Cambridge Ancient History.* Vol. 3. Cambridge: Cambridge University Press, 1982.

Boyd, Mildred. *The Silent Cities: Civilizations Lost and Found.* New York: Criterion Books, 1966.

Brewster, Harry. *Classical Anatolia: The Glory of Hellenism.* Londres: I. B. Tauris, 1993.

Burenhult, Goran. *Les Premiers hommes* (coll. Les berceaux de l'humanité). Paris: Bordas, 1994.

Cavendish, Richard, sous la dir. de. *Mythologie.* Paris: Atlas, 1980.

Ceram, C. W. *The Secret of the Hittites.* Traduction de Richard et Clara Winston. New York: Alfred A. Knopf, 1956.

Ceram, C. W., sous la dir. de. *Des Dieux, des tombeaux, des savants.* Paris: Rocher, 1990.

Cirlot, J. E. *A Dictionary of Symbols.* New York: Dorset Press, 1971.

Clayton, Peter A., et Martin J. Price. *Les Sept Merveilles du monde.* Paris: Promeneur, 1993.

Collon, Dominique. *Near Eastern Seals: Interpreting the Past.* Londres: British Museum Publications, 1990.

Cook, Robert M. *Greek Painted Pottery.* Londres: Methuen, 1972.

De Vries, Keith, sous la dir. de. *From Athens to Gordion: The Papers of a Memorial Symposium for Rodney S. Young.* Philadelphie: The University Museum, Université de Pennsylvanie, 1980.

Edwards, I. E. S., et al., sous la dir. de. *The Cambridge Ancient History.* Vol.2, 1re et 2e parties. Cambridge: Cambridge University Press, 1975.

Égypte: terre des pharaons (coll. Grandes Civilisations du passé). Amsterdam: éditions Time-Life, 1992.

Fellows, Charles. *An Account of Discoveries in Lycia, Being a Journal Kept During a Second Excursion in Asia Minor, 1840.* Londres: John Murray, 1841.

Frankfort, Henri. *The Art and Architecture of the Ancient Orient.* Londres: Penguin Books, 1989.

Freely, John. *The Western Shores of Turkey.* Londres: John Murray, 1988.

Ghirshman, Roman. *Parthes et Sassanides..* Paris: Gallimard, 1962.

Gurney, O. R. *The Hittites.* Londres: Penguin Books, 1990.

Hamblin, Dora Jane, et les rédacteurs des éditions Time-Life. *Les Cités primitives* (coll. Les Origines de l'homme). Amsterdam: éditions Time-Life, 1973.

Hamilton, William J. *Researches in Asia Minor, Pontus, and Armenia; with Some Account of Their Antiquities and Geology.* Vol. 1. Londres: John Murray, 1842.

Haspels, C. H. Emilie. *The Highlands of Phrygia: Sites and Monuments.* Vol. 1. Princeton, New Jersey.: Princeton University Press, 1971.

Hicks, Jim, et les rédacteurs des éditions Time-Life. *Les Bâtisseurs d'empires* (coll. Les Origines de l'homme). Amsterdam: éditions Time-Life, 1974.

Hogarth, David G. *The Wandering Scholar.* Londres: Oxford University Press, 1925.

Knauth, Percy, et les rédacteurs des éditions Time-Life. *La Découverte du métal* (coll. Les Origines de l'homme). Amsterdam: éditions Time-Life, 1974.

Lloyd, Seton.*Ancient Turkey: A Traveller's History of Anatolia.* Londres: The British Museum Press, 1989.

The McGraw-Hill Encyclopedia of World Biography. New York: McGraw-Hill, 1973.

Macqueen, J. G. *The Hittites and Their Contemporaries in Asia Minor.* Londres: Thames and Hudson, 1986.

Mellaart, James. *The Archaeology of Ancient Turkey.* Londres: The Bodley Head, 1978.

The Metropolitan Museum of Art: Egypt and the Ancient Near East. New York: The Metropolitan Museum of Art, 1987.

Muscarella, Oscar White. *Bronze and Iron: Ancient Near Eastern Artifacts in the Metropolitan Museum of Art.* New York: The Metropolitan Museum of Art, 1988.

Muscarella, Oscar White, sous la dir. de. *Ancient Art: The Norbert Schimmel Collection.* Mayence: Philipp von Zabern, 1974.

Neve, Peter.*Ḫattuša-Stadt der Götter und Tempel.* Mayence: Philipp von Zabern, 1993.

Orthmann, Winfried. *Der Alte Orient.* Berlin: Propyläen Verlag, 1975.

Parke, H. W. *The Oracles of Apollo in Asia Minor.* Londres: Croom Helm, s.d.

Pennick, Nigel. *The Ancient Science of Geomancy: Man in Harmony with the Earth.* Londres: Thames and Hudson, 1979.

Ramsès II: dieu et bâtisseur (coll. Grandes civilisations du passé). Amsterdam: éditions Time-Life, 1993.

Roaf, Michael. *Atlas de la Mésopotamie* (coll. Atlas mondial des civilisations). Paris: Fanal, 1991.

Slatter, Enid. *Xanthus: Travels of Discovery in Turkey.* Londres: Rubicon Press, 1994.
Smith, Whitney. *Flags: Through the Ages and across the World.* San Francisco: McGraw-Hill , 1975.
Sobel, Christa. *Ephesus.* Istanbul: Hitit Color, 1990.
Soden, Wolfram von. *The Ancient Orient.* Traduction de Donald G. Schley. Grand Rapids: William B. Eerdmans, 1994.
Splendors of the Past (coll. Lost Cities of the Ancient World). Washington, D.C.: National Geographic Society, 1981.
Stillwell, Richard, sous la dir. de. *The Princeton Encyclopedia of Classical Sites.* Princeton, New Jersey: Princeton University Press, 1976.
Stoneman, Richard. *A Traveller's History of Turkey.* New York: Interlink Books, 1993.
Summers, G. D. *Tille Höyük 4: The Late Bronze Age and the Iron Age Transition.* Ankara: The British Institute of Archaeology, 1993.
Tadmor, H., et M. Weinfeld, sous la dir. de. *History, Historiography and Interpretation: Studies in Biblical and Cuneiform Literatures.* Jérusalem: Magnes Press, 1983.
Todd, Ian A. *Çatal Hüyük in Perspective.* Menlo Park, Californie: Cummings Publishing, 1976.
Tuchelt, Klaus. *Branchidai-Didyma.* Mayence: Philipp von Zabern, 1992.
Vandenberg, Philipp. *The Mystery of the Oracles.* New York: Macmillan, 1982.
Wartke, Ralf-Bernhard. *Urartu das Reich am Ararat.* Mayence: Philipp von Zabern, 1993.
Wood, J. T. *Discoveries at Ephesus.* Londres: Longmans, Green, 1877.
Yalman, Ahmed Emin. *Turkey in My Time.* Norman: University of Oklahoma Press, 1956.
Young, Rodney S. *Three Great Early Tumuli: The Gordion Excavations Final Reports.* Vol. 1. Philadelphie: The University Museum, Université de Pennsylvanie, 1981.

PÉRIODIQUES

Acar, Özgen. «Karun Hazinesi.» *Thy Sky,* novembre 1993.
American Journal of Archaeology, vol. 96, n° 1, janvier 1992.
American Journal of Archaeology, vol. 99, n° 2, 1995.
Bammer, Anton. «Recent Excavations at the Altar of Artemia in Ephesus.» *Archaeology,* juillet 1974.
Biblical Archaeologist, juin/septembre 1989.
Bittel, Kurt. «The Great Temple of Hattusha-Boğazköy.» *American Journal of Archaeology,* hiver 1976.
Braidwood, Robert J. «The Origin and Growth of a Research Focus: Agricultural Beginnings.» *Expedition* (Université de Pennsylvanie), vol. 28, n° 2, 1986.
Brown, Dale «Romancing the Stones.» *Los Angeles Times,* 5 février 1995.
Canby, Jeanny Vorys:
«The Sculptors of the Hittite Capital.» *Oriens Antiqvvs,* vol. 15, 1976.
«The Walters Gallery Cappadocian Tablet and the Sphinx in Anatolia in the Second Millennium B.C.» *Journal of Near Eastern Studies* (Université de Chicago), octobre 1975.
Collins, Billie Jean, édit. «Newsletter for Anatolian Studies,» vol. 10, 1994.
De Vries, Keith. «Gordion and Phrygia in the Sixth Century B.C.» *Source: Notes in the History of Art,* printemps/été 1988.
Esin, Ufuk, et al. «Salvage Excavations at the Pre-Pottery Site of Aşikli Höyük in Central Anatolia.» *Anatolica,* vol. 17, 1991.
Gates, Marie-Henriette. «Archaeology in Turkey.» *American Journal of Archaeology,* janvier 1994.
Goell, Theresa. «Throne above the Euphrates.» *National Geographic,* mars 1961.
Greenewalt, Crawford H., Jr. «When a Mighty Empire Was Destroyed: The Common Man at the Fall of Sardis, ca. 546 B.C.» *Proceedings of the American Philosophical Society* (Université de Californie à Berkeley), vol. 136, n° 2, 1992.
Haselberger, Lothar. «The Construction Plans for the Temple of Apollo at Didyma.» *Scientific American,* décembre 1985.
Kosay, Hamit Zubeyr. «A Great Discovery.» *Illustrated London News,* 21 juillet 1945.
Mellaart, James. «A Neolithic City in Turkey.» *Scientific American,* avril 1964.
Mellink, Machteld J.:
«Archaeology in Turkey.» *American Journal of Archaeology,* janvier 1991.
«Archaeology in Turkey.» *American Journal of Archaeology,* janvier 1992.
«The City of Midas.» *Scientific American,* juillet 1959.
«Excavations at Karataş-Semayük and Elmali, Lycia, 1970.» *American Journal of Archaeology,* juillet 1971.
Özgüç, Tahsin. «An Assyrian Trading Outpost.» *Scientific American,* février 1963.
Prag, A. J. N. W. «Reconstructing King Midas: A First Report.» *Anatolian Studies: Journal of the British Institute of Archaeology at Ankara,* vol. 39, 1989.
Roller, Lynn E.:
«The Great Mother at Gordion: The Hellenization of an Anatolian Cult.» *Journal of Hellenic Studies,* 1991.
«The Legend of Midas.» *Classical Antiquity,* University of California Press, octobre 1983.
«Phrygian Myth and Cult.» *Source: Notes in the History of Art,* printemps/été 1988.
Sams, G. Kenneth. «Beer in the City of Midas.» *Archaeology,* mars 1977.
Simpson, Elizabeth:
«"Midas' Bed" and a Royal Phrygian Funeral.» *Journal of Field Archaeology,* vol. 17, 1990.
«The Phrygian Artistic Intellect.» *Source: Notes in the History of Art,* printemps/été 1988.
«Reconstructing an Ancient Table.» *Expedition* (Université de Pennsylvanie), été 1983.
Simpson, Elizabeth, et Robert Payton. «Royal Wooden Furniture from Gordion.» *Archaeology,* novembre/décembre 1986.
Ward, Diane Raines. «In Turkey, a Race to Rescue the Past.» *Smithsonian,* août 1990.
Whitmore, James. «A Mighty King's Paneled Tomb.» *Life,* 5 août 1957.

AUTRES SOURCES

«The Anatolian Civilizations Museum.» Guidebook. Ankara, s.d.
«Antalya Museum.» Catalogue. Ankara, novembre 1992.
Åström, Paul, édit. «High, Middle or Low?» Communication présentée à l'International Colloquium on Absolute Chronology, tenu à

l'université de Gothenburg, août 1987.
«Bible Lands Museum Jerusalem.» Guide. Jérusalem, 1992.
«Carian Princess.» Brochure. Ankara: Bodrum Museum of Underwater Archaeology, 1993.
«Ephesus Museum Catalogue.» Istanbul: Ephesus Museum, 1989.
Hodder, Ian. «Contextual Archaeology: An Interpretation of Catal Hüyük and a Discussion of the Origins of Agriculture.» *Institute of Archaeology Golden Jubilee Bulletin*. Londres: University of London Institute of Archaeology, 1987.
«The Lydian Hoard.» Brochure. Ankara: Anatolian Civilizations Museum, 19 novembre 1993.
Neve, Peter. «Hattusha-Boğazköy.» *In The Archaeology of Anatolia: An Encyclopedia*. Édité par G. K. Sams, 1992.
«Woman in Anatolia: 9000 Years of the Anatolian Woman.» Catalogue. Istanbul: Topkapi Sarayi Museum, 1993.

INDEX

Les folios en italique renvoient à une illustration.

A

B

C

D

E

F

G

H

I

J

K

L

M

MER NOIRE
BOSPHORE
Byzance
SITULE DE GORDION
DIEU DE LA GUERRE
HITTITE
Alaca Hüyük
Yazilikaya
Hattousas
Ankara
Gordion
Kanesh
Troie
Sakarya
PLATEAU
D'ANATOLIE
CENTRALE
Ashikli Hüyük
LESBOS
Mytilène
Pergame
Sardes
Hermos
Smyrne
CHIOS
Claros
Caystre
Éphèse
Méandre
SAMOS
Milet
Priène
Didyme
TOMBE LYCIENNE
Çatal Hüyük
MONTS TAURUS
Tarse
Mersin
Antalya
MER ÉGÉE
Halicarnasse
COS
Cnide
Xanthos
Patara
RHODES
IDOLE NÉOLITHIQUE
CHYPRE
MER MÉDITERRANÉE
CRÈTE